Iris Fischer

Mit Leichtigkeit leben
wie du dich als hochsensibler Mensch zentrierst und in deine Mitte findest

Für hochsensible Menschen, Seelenpartner und Dualseelen

*„Nicht, weil die Dinge schwierig sind,
wagen wir sie nicht, sondern weil wir sie nicht wagen,
sind sie schwierig."*

Seneca

Iris Fischer

Mit Leichtigkeit leben
wie du dich als hochsensibler Mensch zentrierst
und in deine Mitte findest

Für hochsensible Menschen, Seelenpartner und
Dualseelen

Bibliografische Information der Deutschen Nationalbibliothek: Die Deutsche Nationalbibliothek verzeichnet diese Publikation in der Deutschen Nationalbibliografie; detaillierte bibliografische Daten sind im Internet über dnb.dnb.de abrufbar.

© Iris Fischer 2016 - Erstauflage
Überarbeitete und aktualisierte Neuauflage - 2025
Meine Website: www.sensible-seele.net

Sämtliche Rechte vorbehalten!

Der Text dieses Buches ist geistiges Eigentum von Iris Fischer und durch Urheberrecht und Copyright geschützt. Dieser Text – und das gilt auch für einzelne Textteile - darf **nicht** anderweitig verwendet, verändert, verbreitet oder vervielfältigt werden.

Coverdesign und Umschlaggestaltung:
Florin Sayer-Gabor - www.100covers4you.com
Unter Verwendung von Grafiken von Adobe Stock:
SHArtistry, halimqdn

Bei einigen verwendeten Grafiken wurde Künstliche Intelligenz als Hilfsmittel eingesetzt. Diese KI-Grafiken wurden für das Coverdesign weiter verändert und bearbeitet. Das Cover ist KEIN reines Erzeugnis Künstlicher Intelligenz.

Verlag: BoD · Books on Demand GmbH, Überseering 33, 22297 Hamburg, bod@bod.de
Druck: Libri Plureos GmbH, Friedensallee 273, 22763 Hamburg

ISBN: 978-3-7412-9593-5

Inhaltsverzeichnis

Vorwort – Aufmerksamkeit erzeugt Energie.................................7
1. Wie du Leichtigkeit in dein Leben ziehst..............................13
2. Wie du durch innere Klarheit exklusiv Lebensqualität gewinnst..19
3. Wie du deine persönlichen Stressoren aufspürst und eliminierst und mit Unbeschwertheit ersetzt......................................31
4. Wie du Störendes ausblendest..39
5. Wie du dich aus der Falle deiner destruktiven Gedanken befreist und Leichtigkeit in deinem Denken findest..........................41
6. Wie du es schaffst, dich innerlich und äußerlich abzugrenzen......56
7. Wie die Intelligenz des Herzens dein Leben beeinflusst..............63
8. Wie du Unerledigtes erledigst..75
9. Wie du es schaffst, Leichtigkeit in dein persönliches Umfeld zu bringen..82
10. Wie du dir deine ganz persönlichen Kraftquellen und Energiesäulen schaffst..84
11. Wie gezieltes Entspannen dir zu Gelassenheit verhilft..............87
12. Wie richtiges Atmen dir innere Ruhe schenkt........................94
13. Wie du Leichtigkeit in deine Gefühlswelt bringst....................99
14. Wie du es schaffst, Erfolgsbremsen zu lösen und Selbstsabotage aufzugeben...103
15. Wie du dich aus emotionaler Abhängigkeit befreist und es schaffst, emotional loszulassen......................................111
16. Wie dir der Weg deiner Seele Glück und Leichtigkeit für dein Leben schenkt..120
17. Wie du dich zentrierst und in deine innerste Mitte findest........128
18. Wie du dich in deinem Herzen verankerst............................133
19. Wie du dein Selbst harmonisierst, um (wieder) unbeschwert zu SEIN..138
20. Wie du mit Hingabe unbeschwert lebst und die Leichtigkeit des Seins spürst...151
21. Was du in deinem Alltag praktisch für dich tun kannst............160

"Leicht ist richtig: Fange richtig an.
Und du bist leicht.
Setze leicht fort und du bist richtig.
Dies ist der rechte Weg zur Leichtigkeit.
Nicht an den rechten Weg zu denken
und auch nicht,

dass es leicht ist, ihn zu gehen."

Chuang Tzu

Vorwort – Aufmerksamkeit erzeugt Energie

Aufmerksam zu sein, bedeutet präsent zu sein. Sich mit deinem ganzen Sein zu fokussieren. Deine gesamte Konzentration auf etwas oder jemanden zu legen. Sobald du deine Aufmerksamkeit auf etwas oder jemanden lenkst, erzeugst du damit Energie. Diese Energie verstärkt und intensiviert sich noch, je wichtiger dir das Ganze ist. Je mehr du dich damit beschäftigst und auseinandersetzt. Je mehr du dich also darauf fokussierst. Denn alles das, worauf du deine Aufmerksamkeit lenkst, IST...

Weil deine Schwingung sich mit allem verbindet, auf das du deine Aufmerksamkeit lenkst. Da wo deine Aufmerksamkeit sitzt, manifestiert sich also die Energie. Und schwächt oder stärkt dich – je nachdem...

Wir alle sind von Kindheit an so konditioniert, dass wir grundsätzlich ganz automatisch unsere Aufmerksamkeit auf alles mögliche lenken, nur nicht auf uns selbst. Mit unseren Gedanken stromern wir ständig irgendwo in der Vergangenheit herum und trauern melancholisch irgendwelchen Dingen, Situationen oder auch Menschen nach, die wir verloren haben. Somit fokussieren wir unsere Energie auf Dinge, die wir sowieso niemals mehr ändern oder beeinflussen können.

Oder aber, wir machen gedanklich permanent Abenteuerausflüge in die Zukunft. Und malen uns in vollkommen irrealen Situationen aus, was denn vielleicht und eventuell einmal irgendwann schlimmes mit uns und in unserem Leben passieren könnte. Oder wir schmieden utopische Pläne, was wir irgendwann in der Zukunft mal – wenn wir dann genügend finanzielle Ressourcen angesammelt haben oder wenn wir dann genug Zeit dafür haben oder wenn wir dann den „richtigen" Partner oder die „richtige" Partnerin für uns gefunden haben... – tun werden. Wir erfinden Ausreden vor uns selbst, dass sich die Balken biegen. Und leben dabei permanent an unserem eigentlichen Leben vorbei. Wir lenken die Energie von der Realität weg. Wir lenken unsere Aufmerksamkeit chronisch von uns und vom Hier und Jetzt weg. Damit erzeugen wir eine immense Energie in die falsche Richtung. Die uns auf

Dauer nur schadet. Weil diese Energie negativ ist. Weil sie uns unsere überaus wertvolle Lebenskraft und kostbare Lebensenergie entzieht. Sie schwächt uns und wir befinden uns auf einem niederen Energielevel. So finden wir nicht unseren wahren Lebens-Sinn. Wir können unsere wahre Bestimmung nicht leben und unser inneres Feuer nicht entfalten.

Die tiefe Sehnsucht in uns aber brennt...

- ☼ Die tiefe Sehnsucht, unser Leben leben zu können.
- ☼ Die tiefe Sehnsucht, die wahre Liebe leben zu können.
- ☼ Die tiefe Sehnsucht, in unserer Mitte ganz gelassen einfach SEIN zu können – WIR SELBST sein zu können.

Deshalb funktionieren wir dann auch oft nur noch. Und lassen uns leben, anstatt ganz bewusst uns selbst zu leben.

Außerdem werden wir so unwiederbringlich kostbarer Lebenszeit beraubt. Die wir doch tausendmal sinnvoller nutzen könnten, als uns mit unseren Gedanken permanent von der Gegenwart wegzubewegen. Oder uns für Menschen zu verbiegen, die es eigentlich gar nicht wert sind. Weil sie nichts für uns tun und weil sie uns ganz einfach nicht gut tun. Weder seelisch noch emotional. Oder weil sie schlichtweg nicht zu uns und in unser Leben passen. Weil die Seelenschwingung und auch die emotionale Ebene überhaupt nicht übereinstimmt. Und sich nicht miteinander verbindet. Oder auch, weil wir uns auf einer anderen Bewusstseinsstufe befinden, als diese Menschen.

So können uns die unglaublichsten Glücksmomente entgehen. Weil wir sie gar nicht wahrnehmen und sehen können.

Der Mensch, der wirklich zu uns passt, kann sich direkt vor unseren Augen befinden und wir werden ihn nicht erkennen. Wir können ihn schlichtweg nicht sehen. Weil wir wie verblendet sind. Wir leben nur eine Illusion. Nicht aber die Realität im Hier und Jetzt. Denn wir befinden uns niemals im Hier und Jetzt. Wir leben nicht im Augenblick. Wir genießen nicht den Moment. Und wir befinden uns schon gar nicht bei uns selbst. Außerdem ziehen wir – wenn wir uns auf diesem nieder schwingenden Energie-Niveau befinden - vollkommen automatisch Situationen und Menschen an, die ebenfalls nieder schwingende Energien in sich tragen. Und durch die wir uns weder weiterentwickeln können, noch in höher schwingende Energien finden.

Wenn du dich mal ganz bewusst in deinem Leben umsiehst, wie viele Menschen gibt es da, die dir eigentlich nicht gut tun? Mit denen du in Wahrheit nichts zu tun haben willst? Die dich weder weiterbringen in deinem Leben, noch dass sie dich irgendwie inspirieren, motivieren und dabei unterstützen dass zu tun, was DU auch wirklich tun willst in deinem Leben? Ganz einfach weil es richtig für DICH ist? Und die dich auch nicht annehmen und akzeptieren, wie du nun mal bist? Die vielleicht lediglich oberflächlich sind und keine echte Tiefe besitzen?

Warum schenken wir solchen Menschen unsere wertvolle Lebenskraft, unsere persönliche Lebenszeit und unsere kostbare Lebensenergie?

Warum begeben wir uns immer wieder automatisch in Situationen die uns sichtlich schwächen? Und die wir eigentlich nicht haben wollen? Weil wir uns selbst damit nur unwohl fühlen? Warum nehmen wir keine Rücksicht auf uns selbst und gehen nicht fürsorglich und achtsam mit unserem sensiblen Selbst um?

Was ist mit unserem ganz persönlichen Selbst-WERT?

Immer dann, wenn wir die Aufmerksamkeit von uns selbst ablenken – was auch passiert, wenn wir uns selbst belügen, indem wir uns selbst was vormachen mit Dingen, (also uns selbst täuschen und damit enttäuschen), die gar nicht gegeben sind? Indem wir auf etwas oder jemanden warten und hoffen, obwohl sich dies ganz offensichtlich nicht erfüllt? Oder die Zeit der Erfüllung ganz einfach nicht reif ist?

Auch ein Apfel ist erst dann essbar und wir können ihn erst dann genießen, wenn die Zeit dafür gegeben und der Apfel reif geworden ist.

Wir haben dies nicht in der Hand und können es beim besten Willen nicht beeinflussen. Es geschieht immer, wie es geschieht. Und indem wir die Aufmerksamkeit auf die falschen oder unpassenden oder unstimmigen Dinge lenken, fließt auch die Energie in die vollkommen falsche, unpassende und unstimmige Richtung. Die Energie fließt so chronisch von uns und unserem wahren Selbst weg. Und zwar solange, bis wir aktiv werden und was daran ändern.

Wenn du deine Aufmerksamkeit auf den Mangel in deinem Leben legst, vervielfältigt sich dieser Mangel noch.

Wenn du deine Aufmerksamkeit ständig auf das lenkst, was du NICHT hast – auf das was dir fehlt, manifestiert sich genau dieses in deinem Leben. Und du wirst es weiterhin nicht bekommen.

Wenn du deine Aufmerksamkeit also auf die Abwesenheit von Liebe lenkst, bleibt auch die Liebe von dir fern.

Wenn du deine Aufmerksamkeit ständig darauf lenkst, dass du nicht alleine sein willst, wirst du alleine bleiben.

Die Formulierung ist hier des Rätsels Lösung!

Wenn du also etwas nicht haben willst, darfst du dich auch nicht darauf konzentrieren. Denn das Universum weiß genau, was es tut. Es kennt kein „nein" oder ähnliche Worte. Es schickt dir genau das, was es von dir wahrnimmt. Und was du ihm sendest. Nämlich das, was du vermeintlich (nicht) haben willst. Und lässt dabei das Wort NICHT einfach weg. Damit deine Herzensbotschaft also auch tatsächlich richtig vom Universum wahrgenommen und verstanden wird, musst du umdenken. Und deine Wünsche bewusst umformulieren. Also nicht mehr daran denken und dir wünschen dass du nicht alleine sein willst – denn beim Universum kommt die Botschaft an, DASS du alleine sein willst! Du musst deine Aufmerksamkeit also darauf konzentrieren, was du auch tatsächlich in deinem Leben haben willst. Beispielsweise die wahre Liebe und den passenden Partner oder die passende Partnerin.

Wenn du deine gesamte Aufmerksamkeit ständig auf den Menschen fokussierst, den du in deinem Leben haben willst, bleibst du selbst auf der Strecke. Weil du die Energie von dir selbst weg, hin zu der anderen Person sendest. Du selbst wirst auf diese Weise schwach, die andere Person nährt und sättigt sich aber an dieser Energie. Und zwar an genau der Energie, die eigentlich DIR gehört. Weil die Energie andauernd von dir weg, in seine Richtung fließt. Deshalb besitzt dieser Mensch auch so lange Zeit die Kraft, von dir fern zu bleiben. Und sich weiterhin gegen seine Gefühle für dich zu stellen.

Wenn du also endlich richtig LEBEN und dich verwirklichen - und dein wahres Sein entfalten – und nicht nur permanent funktionieren willst, musst du umdenken. Und deine Aufmerksamkeit ganz bewusst von all den Dingen abziehen, die dir deine wertvolle Lebensenergie und kostbare Lebenskraft rauben.

Wenn du ganz in deiner ureigenen Mitte ankommen und bei dir selbst bleiben willst, musst du deine Aufmerksamkeit umlenken. Denn die Energie entsteht wie gesagt immer genau da, worauf du dich mit deiner Aufmerksamkeit fokussierst.

Wenn du weiterhin in deinem Tunnelblick gefangen bleibst, hältst du die Aufmerksamkeit automatisch chronisch von dir fern. Somit vernachlässigst du dein wahres Selbst. Du vernachlässigst dass, was dein wahres Sein wirklich ausmacht. Und was du wirklich für dich willst.

Du lebst so nicht DEIN Leben, sondern du wirst permanent gelebt.

Dein inneres Feuer bleibt dann nur ein Flämmchen und kann sich nicht entfalten.

Wenn du deine Energie also der richtigen Person zukommen lassen willst – nämlich deinem wahren Selbst - musst du radikal umdenken. Denn der Energiefluss deiner Aufmerksamkeit kann immer nur in eine Richtung geschehen. Entweder weg von dir oder eben ganz bewusst HIN zu dir selbst...

Die Richtung des Energieflusses ist es also, die entscheidet, ob du dein Leben unbeschwert und mit Leichtigkeit lebst und dich gelassen in deiner Mitte befindest - oder ob du das Leben als mühsam und schwer betrachtest. Weil du dich ständig im Kampf für oder gegen etwas befindest.

Ausschließlich DU SELBST hältst den Schlüssel für ein Leben mit Leichtigkeit, Glück und wahrer Zufriedenheit in deiner Hand. Und zwar zu jeder Zeit. Überall...

Breite deshalb deine Flügel aus und fang an zu fliegen...

JETZT...!

Denn wenn du wirklich ein Leben mit Leichtigkeit leben willst, solltest du bereit sein, dich auf dich selbst einzulassen. Bereit sein, dein Leben aufzuräumen und ganz bei dir selbst und in deiner ureigenen Mitte anzukommen. Denn nur indem du alles loslässt und hinter dir lässt, was du nicht brauchst in deinem Leben, was zu dir nicht gehört, weil es dich nur blockiert und belastet, kannst du bewusst den Raum dafür öffnen, dass sich Neues einfinden, in deinem Leben manifestieren und sich wahrhaftig entfalten kann...

Wenn du erreichen willst, dass sich negative Energien und negative Schwingungen minimieren und ganz auflösen, musst du allen negativen, störenden und belastenden Dingen in deinem Leben ganz bewusst die Kraft und die Energie entziehen.

Die Aufmerksamkeit und kraftvolle Energie dieses Buches fokussiert sich deshalb ausschließlich auf DEINE Person. Es geht ganz bewusst ausschließlich um DICH und DEIN ureigenes sensibles Selbst und DEIN seelisches und emotionales Wohlbefinden.

Ich wünsche dir viele hilfreiche (Selbst-)Erkenntnisse beim lesen :)

© Iris Fischer – Mai 2025

1. Wie du Leichtigkeit in dein Leben ziehst

Viele Menschen empfinden ihr Leben als anstrengend, schwer, mühsam, ermüdend und kompliziert. Sie eilen und hetzen durch ihr Leben und ertrinken dabei fast in ihrem Stress. Auch haben sie stets das starke Gefühl, immer auf der Stelle zu treten. Sie kommen nicht so wirklich vorwärts mit dem, was sie sich vorgenommen haben. Und mit dem was sie tun. Ihr Leben stagniert somit. Und kann nicht richtig fließen. Weil es immer wieder blockiert wird. Somit drehen sie sich immer wieder im Kreis. Permanent jagen sie Dingen hinterher, die sie meinen „unbedingt" haben zu müssen. Und begeben sich so freiwillig unter den Druck der „mehr ist besser" Mentalität. Sie konzentrieren sich permanent auf den Mangel in ihrem Leben. Auf die Dinge die ihnen fehlen und die sie aus irgendwelchen Gründen nicht haben. Oder die überhaupt nicht für sie bestimmt sind. Aber weil die anderen diese Dinge haben, müssen sie selber das unbedingt ebenfalls haben. Aus dem ganz einfachen Grund, mit den anderen mitreden zu können. Sie kaufen sich Dinge, die sie sich eigentlich nicht leisten können und die sie höchstwahrscheinlich nicht brauchen. Nur um damit vor anderen gut dazustehen. Und um vielleicht Bewunderung dafür zu erhalten. Sie machen Urlaube an bestimmten Orten, nur um sagen zu können dass sie „dort" ebenfalls waren. Und geben sich mit Menschen ab, die ihnen alles andere als gut tun. Die ihnen im Gegenteil seelisch und emotional nur schaden. Viele Menschen beugen sich dem allgemeinen Druck, verbiegen sich permanent und leben absolut nicht das Leben, dass sie eigentlich leben wollen. Und dass in Wahrheit für sie bestimmt ist. Sie leben in Beziehungen die sie nicht befriedigen und erfüllen, begeben sich in emotionale Abhängigkeiten und stehen ständig unter dem kaum zu erfüllenden Druck, es allen permanent recht machen zu müssen. Sie denken an alle anderen, nur nicht an sich selbst. Und wundern sich dann, dass sie einem Burnout oder Depressionen nahe sind. Oder anderweitige psychosomatische Beschwerden entwickeln. Sie leben immer nur Kompromisse und sind in Wahrheit kreuzunglücklich dabei. Sie flüchten sich in ihren Verstand, weil sie sich da vermeintlich sicher wähnen. Und vergessen dabei die Stimme ihres Herzens und die ihrer Seele.

Psychosomatische Krankheiten sind derweil nichts weiter als Hilferufe des eigenen Seins, dass man sich selbst aus den Augen verloren hat. Und sich doch bitteschön auch endlich einmal um sich selbst und seine ureigenen Bedürfnisse kümmern soll. Viele Menschen vernachlässigen anderen zuliebe so stark das eigene Selbst, dass sie irgendwann wie vor den Kopf geschlagen aufwachen und schockiert feststellen, dass sie die ganze Zeit das Leben der anderen gelebt haben. Und nicht SICH SELBST glücklich gemacht haben. Sie haben somit nicht SICH SELBST gelebt. Sondern sie haben sich von anderen leben lassen. Weil sie sich abhängig gemacht haben. Und zwar von den Meinungen, Bewertungen und Urteilen der anderen. Die Fremdbeeinflussung vieler Menschen ist oft immens. Und deshalb vergessen sie auch, ihr eigenes Leben zu leben. Weil sie dermaßen konditioniert sind, dass sie sich lieber verbiegen, um nur ja gemocht, geliebt, akzeptiert und anerkannt zu werden. Sehr viele Menschen leben deshalb an ihrem eigentlichen Leben vorbei. Sie kennen weder ihre wahre Bestimmung, noch haben sie den Mut, sich zu verwirklichen und zu entfalten. Weil es immer wieder die typischen „Dagegen-Reder" gibt, die den wahrhaftigen und authentischen Lebensweg anderer blockieren. Nur weil sie selber in ihren Unzulänglichkeiten feststecken. Und nicht wissen wie sie sich daraus lösen können. Wenn sie überhaupt bemerken, was eigentlich wirklich in ihrem Inneren los ist.

Jeder Mensch hat eine bestimmte Lebensaufgabe. Jeder Mensch hat seinen ihm ureigenen Platz im Leben. Seinen Sinn, warum er auf diese Welt kommen durfte. Oder dies sogar musste. Um vielleicht Karma aus vorherigen Leben – oder auch von den Vorfahren – abzulösen. Einfach deshalb, um die unbewusst traumatisierte Familienlinie viele Generationen zurück wieder zu heilen. Und die Seelen aller wieder zu harmonisieren und zu stabilisieren. Viele Menschen machen es sich aber einfach bequem in ihrer Leidensfalle. Die sie sich selbst geschaffen haben und sie auch noch fleißig hegen und pflegen. Sie drehen sich permanent in der Hoffnung-Leid-Sehnsucht-Spirale und wissen nicht, wie sie da jemals wieder alleine herausfinden sollen. Viele Menschen baden auch regelmäßig in Selbstmitleid. Weil sie nicht verstehen, dass ausschließlich sie selbst es sind, die eine Veränderung in ihrem Denken,

Fühlen und Handeln oder in ihrem Leben herbeiführen können. Das kann niemand anders. Aber genau das wird ständig von anderen erwartet. Es wird in der Beziehung und Partnerschaft erwartet, es wird in der Familie erwartet usw...

Die Menschen warten und warten und warten und hoffen und hoffen und hoffen, dass sich etwas in ihrem Leben verändert. Oft warten sie regelrecht auf ein Wunder. Das aber niemals passieren wird. Gleichzeitig spüren sie die ganze Zeit eine unbändige tiefe Sehnsucht in sich, die sie meist nicht einmal für sich definieren und in passende Worte kleiden können. Weil sie nicht wissen, woher diese Sehnsucht kommt. Was diese Sehnsucht ihnen überhaupt sagen will und wie sie die Sehnsucht jemals wieder loswerden können. Soll heißen, wie sich die Sehnsucht erfüllen soll.

Viele Menschen fühlen sich seelisch und emotional leer, hungrig und ausgelaugt. Sie sind permanent erschöpft, müde und chronisch gestresst. Was natürlich auch mit der andauernden Reizüberflutung der Sinne zusammenhängt. Und ebenfalls mit dem ständigen Kampf, den sie führen. Eigentlich führen sie einen aussichtslosen Kampf gegen sich selbst. Nämlich indem sie sich permanent selbst im Weg stehen. Indem sie sich selbst Dinge verbieten. Indem sie ihre wahren Gefühle nicht leben. Weil sie gelernt haben, sie ständig nur wegzudrücken. Eigentlich haben sie alles und sind doch nicht glücklich. Sie sitzen in ihrem goldenen Käfig und können die Türe von innen nicht öffnen. Insgeheim sitzen sie da und hoffen, dass jemand kommt und sie von außen aus ihrem emotionalen und seelischen Elend und ständigen Stress befreit.

Wenn du wirklich etwas ändern willst in deinem Leben, musst du aus deinem eigenen Schatten heraustreten. Und ganz bewusst auf die Sonnenseite wechseln.

Denn solange du in deinem eigenen Schatten stehst, wird deine Seele und dein Herz mit der Zeit regelrecht verkümmern. Weil du nicht bei dir selbst und in deiner Mitte bist.

Sondern du hast dich selbst an die zweite Stelle – oder noch weitere Plätze nach hinten – verbannt.

Setz dich selbst an die erste Stelle. Denn du bist der Schöpfer deines ureigenen Lebens.

Verwirkliche und entfalte dich. Erlaube dir ganz bewusst, ganz du selbst zu SEIN.

Leichtigkeit entsteht immer da, wo du annimmst und akzeptierst. Unbeschwert fühlst du dich dann, wenn du Leichtigkeit in deinem Leben spürst. Wenn alles einfach nur fließt.

So wie bei Kindern. Kinder sind immer im Hier und Jetzt. Sie leben einfach ihr Leben, spielen vor sich hin und genießen einfach das Sein. Das Kind-Sein. Kinder bewerten und urteilen noch nicht. Das lernen sie erst durch die Erwachsenen. Und je mehr Kinder im Laufe der Zeit – wenn sie älter werden – konditioniert sind, fangen sie an zu bewerten und zu urteilen. Und verfangen sich in ihren anerzogenen negativen Glaubensmustern. Denn wenn schon die Eltern keine Leichtigkeit in ihrem Leben spüren, wie sollen sie das dann auf ihre Kinder übertragen? Eltern übertragen auf ihre Kinder natürlicherweise und unbewusst immer genau das, was ihnen bewusst ist. Wer sich nicht bewusst ist, kann nicht bewusst leben. Wer sich also nicht bewusst ist, wie es funktioniert, sich unbeschwert zu verhalten und dadurch Leichtigkeit in seinem Leben zu spüren, kann gar nicht unbeschwert sein. Und Leichtigkeit in seinem Leben fühlen. Für einen solchen Menschen wird sich das Leben immer mühsam, hart und mit Kampf verbunden darstellen.

Ein solcher Mensch befindet sich nicht in seiner innersten Mitte und kann gelassen dem entgegensehen, was das Leben ihm bringt. Dieser Mensch muss sich innerlich erst wieder ausbalancieren. Und harmonisieren. Sein gesamtes Sein wieder ins Gleichgewicht bringen.

Du hast dein Schicksal jederzeit selbst in der Hand.

Und kannst ganz bewusste Entscheidungen treffen, in welche Richtung dein ganz persönlicher Weg weitergehen soll.

- ☼ Entdecke dein inneres Feuer und lebe DICH SELBST – entfalte all deine Talente, Fähigkeiten, Leidenschaften, Wünsche, Träume, Sehnsüchte, Visionen, Bedürfnisse und Ziele – verwirkliche dich selbst – vollkommen egal welche Meinung andere dazu haben
- ☼ Höre auf, zu kämpfen – weder FÜR etwas, noch GEGEN etwas. Denn das verbraucht unnötig viel (Lebens-)Zeit, (Lebens-) Kraft und (Lebens-)Energie
- ☼ Lass das Leben und die Liebe fließen – vertraue darauf, dass alles von ganz alleine zu dir kommt, was für dich in deinem Leben bestimmt ist. Denn für genau die Dinge und die Menschen musst du nicht kämpfen
- ☼ Übe dich in Gelassenheit
- ☼ Sei grundsätzlich offen für Neues und verschließe dich nicht
- ☼ Zentriere dich in deinem Herzen und hör auf mit den ständigen Ausreden und Ausflüchten, warum du dieses und jenes angeblich nicht tun kannst
- ☼ Bleib ganz bei dir und hör auf, dich selbst zu täuschen und dich selbst zu belügen. Und hör vor allem auf, dich permanent für andere zu verbiegen
- ☼ Hör auf, perfekt sein zu wollen
- ☼ Finde deine wahre Bestimmung und deinen ganz persönlichen Lebens-Sinn
- ☼ Mach dich emotional unabhängig und übernimm die Verantwortung für dich selbst
- ☼ Lebe als Mann deine natürliche Männlichkeit und sei aktiv gebend anstatt passiv nehmend – lebe sichtlich spürbare Zuversicht und sei der natürliche „Fels in der Brandung"
- ☼ Und als Frau darfst du es dir erlauben, passiv in deiner natürlichen und empfangenden Weiblichkeit zu bleiben. Spiel keinesfalls mehr die Mutter für einen Mann, sondern erfülle dir deine ureigenen Bedürfnisse selbst. Lebe deine wahren Gefühle und Emotionen authentisch und angstfrei

- ☼ Bleibe bei dir, zentriere dich in deiner innersten Mitte und tu nur das, was sich stimmig, passend und richtig für dich ganz persönlich anfühlt
- ☼ Hör damit auf, das Leben, die Liebe und bestimmte Situationen kontrollieren zu wollen. Da wo Kontrolle ist, sitzt Angst - lass die Kontrolle vertrauensvoll los
- ☼ Stärke bewusst deinen Selbstwert und dein Selbstvertrauen und zeige deine natürliche Würde, Selbstachtung und Stolz
- ☼ Lass dich ins Leben hineinfallen und übe dich in Hingabe
- ☼ Lass alles hinter dir, was dich belastet, was du nicht brauchst und was dir unwichtig ist. So öffnest du ganz bewusst Raum für Neues. Raum für Dinge die du wirklich brauchst, die dich wirklich befriedigen und die dich wirklich erfüllen
- ☼ Tu ausschließlich Dinge, mit denen du dich wohl fühlst – und ziehe so die Unbeschwertheit und Leichtigkeit in dein Leben
- ☼ Lege die Regeln für dein ganz persönliches Leben fest und bestimme ganz bewusst selbst (Selbst-BEWUSST!), wen du in dein Leben lässt und wen nicht
- ☼ Triff deine eigenen Entscheidungen und führe ein selbstbestimmtes Leben. Denn es ist DEIN Leben
- ☼ Entschleunige ganz bewusst dein Leben und fühle somit automatisch Leichtigkeit
- ☼ Führe ein Glückstagebuch und schreib hier alles rein, was dich in deinem Leben glücklich macht

2. Wie du durch innere Klarheit exklusiv Lebensqualität gewinnst

Alles im Leben und in der Liebe fängt mit Entscheidungen an, die du verbindlich für dich selbst treffen musst. Eine ganz bewusste Entscheidung für dich zu treffen bedeutet, zu dir selbst bedingungslos zu stehen. Verbindlich „JA" zu dir zu sagen. In deinem Inneren. Fernab von jeglicher Suche oder Beeinflussung von anderen im außen. Und mit den Konsequenzen dieser Entscheidung dann auch bedingungslos zu SEIN. Denn wenn sich das eine Tor hinter dir schließt und dir den Weg zurück versperrt, öffnet sich gleichzeitig ein anderes Tor. Und somit der Zugang zu neuen, bewussteren und erfüllenden Chancen. Und es liegt alleine an dir, ob du diese neuen Möglichkeiten wahrnimmst, siehst und erkennst und dann auch verbindlich für dich selbst nutzt. Kristallklare Klarheit in dir zu finden, ist dabei elementar. Denn solange du ständig im Trüben fischst, wirst du emotional und seelisch verhungern. Da du das Wesentliche für dich nicht erkennst.

Neue Pfade im Leben entstehen immer erst dadurch, in dem du diese neuen Pfade erschaffst. Und sie Schritt für Schritt ganz bewusst gehst. Dabei einen Fuß vor den anderen setzt, vollkommen egal, was da kommt. Und wo du mit deinem Fuß hin trittst. Denn es ist dein Pfad, den du für dich gehen musst, ja den du gehen darfst, weil du das Privileg dazu hast.

Folgst du noch immer dem breiten, bequemen Weg oder bist du dabei, dir deinen ureigenen schmalen aber magischen Pfad im Leben zu schaffen?

Auch wenn das für dich bedeutet, dass das Gelände für diesen Pfad zwischendurch unbequem, schwierig und langwierig ist und für dich auch mal bedeutet, durch unwegsames dichtes Gestrüpp zu streifen, damit du deinen Pfad der Leichtigkeit für dich findest?

Bist du in dir selbst klar oder unklar? Suchst du noch immer im außen oder empfängst du, das was du willst oder brauchst, in deinem Inneren?

Diese zwei unterschiedlichen Denkweisen bewirken per se vollkommen unterschiedliche Dinge!

Solange du noch im außen nach etwas suchst, was du unbedingt „haben" willst und immer wieder genau dafür kämpfst - anstatt darauf zu vertrauen, dass das Leben dir genau das schenkt, was du für dein persönliches Glück und dein inneres Wachstum brauchst – kannst du keinerlei Fülle und somit Erfüllung in dein persönliches Leben ziehen. Solange du nicht vertrauensvoll geschehen lässt, empfängst und annimmst, was das Leben dir bietet, schmälerst du automatisch auch deine wertvolle Lebensqualität. Weil du deine kostbare Kraft und Energie an die "falschen" Dinge - nämlich den „Mangel" - ver(sch)wendest. Das ist ein absolut unterschätzter Stressfaktor auf deinem Weg zu dir selbst.

Den Weg zu dir selbst zu gehen, bedeutet nicht, deine alltäglichen Stressoren und dein inneres Chaos oder den Lärm in deinem Kopf lediglich zu kompensieren. Sondern es bedeutet, dir all deiner Möglichkeiten und Chancen, die das Leben dir schenkt, bewusst zu sein. Und diese auch bewusst zu nutzen.

Wäre es nicht eine unendliche Verschwendung des Leben an sich, wenn dieses Geschenk vollkommen ungenutzt in dir verstaubt, weil die Lebendigkeit deines wahrhaftigen Selbst in dir die ganze Zeit brachliegt?

Deine Chancen und Möglichkeiten ganz bewusst zu sehen und sie bewusst zu spüren, hilft dir enorm dabei, den Level deiner Lebensqualität anzuheben. Und wirkliche Leichtigkeit in dir zu spüren.

Lebensqualität definiert natürlich jeder Mensch für sich individuell. Ein ganz bewusstes Leben zu führen und gleichzeitig ein Optimum und Maximum an Lebensqualität zu erreichen, bedingt sich gegenseitig.

Für den einen Menschen ist es echte Lebensqualität, wenn er sich regelmäßig Zeit für sich selbst nimmt und vollkommen alleine durch die Natur streift. Der nächste versteht unter Lebensqualität, wenn er sich intensiv um seine Partnerschaft und um ein funktionierendes Familienleben kümmern kann. Ein dritter fühlt wahre Lebensqualität, wenn er seine Kreativität voll entfalten und sich selbst verwirklichen kann.

Das sind aber immer nur einzelne Facetten vom Ganzen. Es sind nicht ganzheitlich sämtliche Ebenen und Bereiche deines authentischen Seins.

Lebst du BEWUSST oder immer noch unbewusst? Spürst du die Energie und den Fluss des Lebens an sich? Deines ganz persönlichen Lebens? Und zwar auf allen Ebenen deines Seins und sämtlichen Bereichen deines Lebens an sich?

Bewusstes Leben soll dich daran hindern, nicht im alltäglichen Automatismus unterzugehen, mit dem du irgendwie durch dein Leben schlitterst. Es soll dir behilflich sein, wahrhaftig zu LEBEN. Und die Lebendigkeit des Lebens an sich wirklich zu fühlen. Dich selbst wirklich zu fühlen. Es soll dich daran erinnern, auch einmal innezuhalten. Stehenzubleiben. Dich deinem Selbst zuzuwenden. Auf DICH zu achten. Den Lebens-Genuss nicht aus den Augen zu verlieren.

Selbst als hochsensible Menschen, die wir sowieso sämtliche Kleinigkeiten und Details wahrnehmen, sehen und spüren - sind wir doch oft ganz automatisch damit beschäftigt, die alltägliche Reizüberflutung und Überfütterung all unserer Sinne wieder zu kompensieren, wenn sie uns überfordert.

Wann hast du das letzte Mal mit all deinen Sinnen deine Umgebung in all ihren Einzelheiten wirklich bewusst wahrgenommen? Die Energien um dich bewusst gespürt? Dich mit diesen Energien bewusst verbunden?

Wann bist du das letzte Mal bewusst draußen barfuß gelaufen und hast ganz bewusst den Boden unter deinen nackten Füßen gespürt? Wann hast du das letzte Mal ganz bewusst deinen Fernseher ausgeschaltet (sofern du immer noch einen hast) und einfach mal gar nichts gemacht? Wann hast du das letzte Mal ganz bewusst dem strömenden Regen oder dem rascheln des Windes in den Baumwipfeln mitten im Wald gelauscht? Wann hast du das letzte Mal ganz bewusst die Wolken beobachtet, die über dir am Himmel langsam immer weiter ziehen? Wann hast du das letzte Mal ganz bewusst ein tiefgründiges Gespräch mit deinem Partner oder deiner Partnerin geführt und dich pudelwohl dabei gefühlt? Wann habt ihr euch gegenseitig das letzte Mal ganz bewusst emotional und seelisch berührt? Wann hast du das letzte Mal ganz bewusst den süßen Geschmack eines Schokoladeneises genossen? Wann hast du das letzte Mal ganz bewusst deinem Kind zugehört, als es dir von seinen alltäglichen Erlebnissen erzählt hat? Wann warst du das letzte Mal ganz bewusst an deinem Lieblingsort und hast dich ganz bewusst dort umgesehen und ganz bewusst die Atmosphäre dort gespürt? Wann hast du das letzte Mal den Wind in deinen Haaren bewusst gespürt, die Sonne auf deinem Gesicht bewusst genossen und ihr strahlendes Licht mit all deinen Sinnen bewusst in dir aufgenommen? Wann hast du das letzte Mal ganz bewusst deiner Lieblingsmusik gelauscht? Und dich von ihr bewusst berühren lassen? Wann hast du das letzte Mal die Liebe in dir ganz bewusst gefühlt und dieses Gefühl in dir bewusst einfach nur (aus-) gehalten? Ohne irgendwas damit zu tun? Wann hast du das letzte Mal ganz bewusst echte Stille in deinem Kopf gespürt?

Wann hast du dich selbst das letzte Mal wirklich gesehen? Und wann warst du dir selbst das letzte Mal so richtig bewusst, wie du in deiner Essenz bist?

Wann hast du das letzte Mal ganz bewusst darauf geachtet was all diese und andere Dinge mit dir tun? Welche Gedanken sich in dir bilden? Und welche Gefühle und Emotionen du dabei in dir spürst?

Wirklich BEWUSSTES Leben und BEWUSSTES Spüren ist noch was ganz anderes, als automatisch die Dinge wahrzunehmen.

Tust du als sensibler Mensch aus tiefstem Herzen genau das, was du WIRKLICH in deinem Leben tun willst?

- ☼ Wie ist dein Umgang mit dir selbst?
- ☼ Wer oder was hindert dich eventuell daran, genau der Mensch zu sein, der du tief in deinem Inneren tatsächlich bist?
- ☼ Wer oder was lässt dich innerlich so richtig aufblühen?

Für uns hochsensible Menschen ist die Qualität unseres Lebens existenziell wichtig. Erst recht, je bewusster wir uns sind. Je mehr wir aus unserem Dornröschenschlaf aufgewacht sind.

Ein behutsames und bewusstes umgehen mit deinem eigenen Selbst ist von daher essentiell.

Ein Optimum an Lebensqualität kannst du jederzeit für dich erreichen. Kultiviere dabei konstant deine Selbstliebe, Selbstfürsorge und deine ureigene Selbstachtsamkeit.

Schaff dir bewusst Exklusivität in deinem Leben. Und hole dir das wirklich allerbeste aus deinen individuellen und ganz persönlichen Lebensumständen heraus. Anstatt dich lediglich mit Normalität und Mittelmaß zufrieden zu geben.

Sei nicht Zuschauer oder Randfigur in deinem eigenen Leben! Sondern setz dich bewusst in den Mittelpunkt. Erwarte nicht von anderen, dich emotional und seelisch zu erfüllen. Sondern erfülle dich selbst. LEBE DICH SELBST.

Hör auf, dich selbst mit Ausreden abzuspeisen, nur weil du das bisher so gewohnt warst. Hör auf, mit deinen konditionierten Aussagen wie:

- Aber es ist doch nun mal so
- Aber ich muss doch funktionieren
- Aber ich muss doch irgendwas tun
- Aber „alle anderen" tun das doch auch (nicht)
- Aber das schaffe ich nicht
- Aber das kann ich nicht (allein)
- Aber ich weiß nicht, wie das gehen soll
- Aber mein Partner/meine Familie macht das niemals mit

Denn mit all diesen Ausreden limitierst du dich selbst! Hältst dich selbst klein. Und kannst keine Leichtigkeit spüren.

Du kannst nicht deine wahre Magie in dir entdecken und dein inneres magisches Licht entfalten, solange du in Aussagen schwelgst, die nicht die deinen sind. Sondern die dir übergestülpt wurden und die dir zur Gewohnheit geworden sind. Du das als ganz normal siehst. Und nicht erkennst, wie unklar du in dir selbst bist.

- ☼ Lerne unbedingt, NEIN zu sagen, wenn du etwas nicht (tun) willst. Oder wenn dir etwas nicht gut tut.
- ☼ Verschaffe dir kristallklare Klarheit, was wirklich existenziell und essentiell wichtig für DICH ganz persönlich ist!

Und zwar OHNE jeglichen faulen Kompromiss aus einer falschen Rücksichtnahme auf andere!

Absolute Klarheit in deinem ganz persönlichen Denken, Fühlen und Handeln zu besitzen, ist dabei eine immense Befreiung für deine Seele. Denn diese Klarheit sorgt dafür, dass du gelassen und entspannt in dir selbst ruhen und das Leben an sich empfangen, annehmen und genießen kannst.

Innere Klarheit zu besitzen ist mächtig!

Zu wissen, dass deine ureigene Seelen-, Gedanken und Gefühlswelt absolut aufgeräumt, glasklar, überschaubar, sortiert und rein ist, ist ungeheuer Kraft gebend, erfüllend und bereichernd für dein gesamtes sensibles Sein.

Klarheit ist es auch, die dich als sensiblen Menschen Krisen und Konflikte sehr viel leichter überstehen und innerlich verarbeiten lässt.

Außerdem manifestiert sich innere Klarheit immer auch im außen.

Klarheit verhilft dir zu einer deutlich gesteigerten Lebensqualität. Und sorgt dafür, dass du im Hier und Jetzt vollständig präsent bist.

Auch Klarheit in deiner Kommunikation ist von immenser Bedeutung.

Denn wenn andere Menschen immer wissen, woran sie bei dir sind, bringt dir das eine Menge an Wertschätzung und Respekt von außen ein! Was dein Inneres wiederum zum Strahlen bringt. Also nur Vorteile für beide Seiten hat.

Innere Klarheit zu besitzen, macht dich gezielt und ganz bewusst handlungsfähig. Durch innere Klarheit kannst du deine persönliche Lebens-Geschwindigkeit endlich ungebremst leben. Durch innere Klarheit kannst du dich ganz bewusst auf die Anwesenheit wesentlicher Dinge in deinem Leben konzentrieren, anstatt auf die Abwesenheit unwesentlicher.

Durch innere Klarheit kannst du dich auf die Fülle und somit die Erfüllung konzentrieren, anstatt auf einen (eventuellen) Mangel. Durch innere Klarheit kannst du deine Ängste und Zweifel beseitigen und komplett auflösen. Durch innere Klarheit kann dein Leben ungehemmt und ungehindert ohne Blockaden fließen. Nur so erreichst du echte Leichtigkeit.

Innere Klarheit erleichtert dir das Leben ungemein…

- ☼ Ganz genau zu wissen, was dich emotional und seelisch wirklich berührt und bewegt
- ☼ Ganz genau zu wissen, was du tatsächlich fühlst. Nicht was du denkst, was du fühlst
- ☼ Ganz genau zu wissen, was dir wirklich gut tut
- ☼ Ganz genau zu wissen, was dich tatsächlich antreibt und motiviert
- ☼ Ganz genau zu wissen, mit wem du wirklich durchs Leben gehen willst
- ☼ Ganz genau zu wissen, was dir wirklich wichtig ist
- ☼ Ganz genau zu wissen, was du tatsächlich für dein ganz persönliches Wohlbefinden brauchst
- ☼ Ganz genau zu wissen, für was du wirklich gerne jeden Morgen aufstehst
- ☼ Ganz genau zu wissen, was dir tatsächlich jeden Tag aufs Neue ein Lächeln auf die Lippen und ein Strahlen und Funkeln in deine Augen zaubert
- ☼ Ganz genau zu wissen, wer dir wirklich am Herzen liegt
- ☼ Ganz genau zu wissen, wen du tatsächlich - als der Mensch, der er ist – wahrhaftig liebst. Und dies nicht nur zu wissen, sondern explizit zuzulassen und bewusst zu spüren

Durch bewusste innere Klarheit kannst du den noch ungeschliffenen Diamanten deines wahrhaftigen Seins ganz gezielt zum Funkeln und zum Strahlen bringen. Und du kannst tatsächlich zu dem kraftvollen, unbeschwerten, vollkommen gelassenen, seelisch und emotional befreiten und mit unbefangener Leichtigkeit lebenden Menschen werden, der du tief in deinem Inneren „eigentlich" schon immer bist. Der dir nur abtrainiert wurde, durch all deine übergestülpten Muster und Programmierungen.

Innere Klarheit kannst du jederzeit für dich erreichen.

Mit innerer Klarheit kannst du dein Herz und deine sensible Seele ganz gezielt von inneren Widerständen und Blockaden und „störenden" Altlasten befreien.

Stell dir vor, du hast eine wunderschöne Glaskaraffe aus geschliffenem Kristallglas vor dir stehen. Du kannst aber die wahre Schönheit und Einzigartigkeit dieser Karaffe nicht erkennen. Da sich in dieser Karaffe aus geschliffenem Kristallglas lauter schmutzige Steine, Schlamm und Sand befinden.

Erst nachdem du alle Steine einzeln – große und kleine, schöne und hässliche, runde und kantige – aussortiert und entsorgt und den Schlamm und schmutzigen Sand aus dem Glaskrug entfernt hast, kannst du mit Sorgfalt ganz bewusst diese Karaffe reinigen. Und ganz gezielt polieren. So dass du zum Schluss endlich die wahre Schönheit dieser wunderbaren Glaskaraffe bewundern kannst.

Diese einzigartige wunderschöne Karaffe aus kristallklarem Glas stellt als Synonym dein Seelenleben dar. Mit jeder einzelnen deiner individuellen Facetten.

Die schmutzigen Steine, der Schlamm und der Sand stehen für jegliche Belastungen in deinem Leben, die du nicht mehr brauchst. Die zu dir nicht gehören. Die du nicht bist. Und die du aus deinem Leben verbannen darfst.

Jeder dieser Steine steht für etwas dass du loslassen darfst. Weil du damit in deiner Vergangenheit festhängen bleibst. Diese schmutzigen Steine stehen für jegliche Angst, die dich daran hindert, dein Leben befreit und erfüllt zu leben. Bewusst zu erleben. Diese Steine stehen für jegliche „Ausbremser" in deinem Leben, die dich daran hindern, du selbst zu sein!

Wenn du jetzt für alles worin du innere Klarheit erlangen willst, Glaskugeln in deiner Lieblingsfarbe nach und nach in die polierte Glaskaraffe hinein legst, ergibt sich ein wunderschönes, leuchtendes

Bild, dass im einfallenden Licht funkelt und glitzert. Die Glaskaraffe als Synonym für deine Seele, erstrahlt jetzt im Glanz deiner Klarheit und Einzigartigkeit deines individuellen Seins.

Für WAS würde jede einzelne dieser leuchtenden Glaskugel in DEINEM Leben stehen?

Je klarer du in dir selbst bist, desto mehr ziehst du kristallklare Dinge, Situationen und Menschen an deine Seite. Und in dein Leben.

Dabei geht es immer um deine Bewusstwerdung. Um deine bewusste Entscheidung. Es geht darum, dich festzulegen und zu dieser Entscheidung zu stehen. In dir selbst so klar zu sein, wie ein Bergsee. So dass du selber den Grund siehst.

Es geht um deine bewusste Veränderung. Die du für dich tust.

Es geht darum, den Weg deines Herzens und deiner Seele zu gehen. Und dir selbst das bewusst zuzugestehen. Weil du das für dich wirklich so willst. Weil die Liebe in dir für dich selbst das wirklich so will. Weil sie es von dir kristallklar fordert.

Die wahre Liebe zu dir erfordert die tiefe Klarheit in dir. Weil die Liebe an sich immer kristallklar anwesend in dir selbst ist. Und zwar die Liebe, die du selber die ganze Zeit bereits bist. Die du aber verdrängst und vergessen willst oder vergessen hast und sie nicht spüren willst. Die Wahrheit nicht fühlen willst. Ja, deine ureigene Wahrheit nicht zulässt.

Und so bist du unklar. Wie trübes Wasser. Was sich dir immer in fehlender Lebens- und Liebesqualität und einer mehr oder weniger intensiven Sehnsucht nach Leichtigkeit zeigt.

Nur du allein kannst dies ändern. Für DICH. Niemals für andere. Das kommt dann im zweiten Schritt erst danach. Klarheit im außen erfolgt immer erst dann, wenn du dir selbst im innen glasklar der Dinge bewusst bist.

Folgende Fragen darfst du dir auf deinem Weg in deine innere Unbeschwertheit und Leichtigkeit stellen, bevor du anfängst, ganz bewusst an dir zu arbeiten:

- ☼ Was genau möchtest du in deinem Leben verändern bzw. verbessern und optimieren?
- ☼ Was möchtest du loslassen?
- ☼ Welches Gefühl oder welche Situation möchtest du klären?
- ☼ Worin möchtest du Unbeschwertheit und Leichtigkeit finden?
- ☼ Wen oder was brauchst du, um wirklich glücklich zu sein?
- ☼ Was sind deine wahren und ureigenen Bedürfnisse?
- ☼ Welche Fähigkeiten, Talente und Stärken besitzt du?
- ☼ Was sind deine wahren Sehnsüchte, Träume und Wünsche?
- ☼ Was sind deine Leidenschaften?
- ☼ Was sind deine Visionen und Ziele? Was hält dich davon an, sie dir explizit zu erfüllen?
- ☼ Was ist der wahre Weg deines Herzens und deiner Seele?
- ☼ Was würdest du wirklich gerne in deinem Leben tun? Was würde dich vollkommen erfüllen?
- ☼ Was oder wer hält dich davon ab, dies zu tun?

Weiter geht es bei innerer Unbeschwertheit und Leichtigkeit darum, Dinge in deinem Leben deutlich und klar zu definieren:

- ☼ Was ist dir WIRKLICH wichtig und was ist unwichtig?
- ☼ Womit genau fühlst du dich WIRKLICH wohl oder unwohl?
- ☼ Mit WEM willst du WIRKLICH dein Leben gemeinsam verbringen?
- ☼ Wen brauchst du definitiv NICHT mehr in deinem Leben, weil dieser Mensch toxisch für dich ist?
- ☼ Für WAS stehst du jeden Morgen WIRKLICH gerne auf?
- ☼ WER oder WAS zaubert dir ein Funkeln und Strahlen in deine Augen, ein Lächeln auf deine Lippen?
- ☼ Wer oder was inspiriert und motiviert dich WIRKLICH?
- ☼ Was genau MEINST du, wenn du zu jemandem was sagst?
- ☼ …formuliere auch eigenen Gedanken noch weiter für dich…

Erstelle dir eine Liste all der Dinge, in denen du wirklich unbeschwert sein und Leichtigkeit erlangen möchtest. Formuliere dabei sehr genau und absolut eindeutig, was du wirklich willst. Falls es dir leichter fällt, formuliere zuerst die Dinge, die du eben NICHT mehr für dich willst. Das hilft dir enorm dabei, die Dinge bewusst zu überdenken und klare Entscheidungen für dich zu treffen.

Dein Leben und die Liebe fließt immer dann vollkommen frei, wenn du dich unbeschwert, innerlich leicht und gelassen fühlst...

Innere Klarheit zu besitzen, hilft dir ganz immens hierbei.

3. Wie du deine persönlichen Stressoren aufspürst und eliminierst und mit Unbeschwertheit ersetzt

Kennst du deine ganz persönlichen Energievampire? Zeitdiebe? Krafträuber? Deine Stressoren?

Nicht? Dann schnappe dir bitte gleich deinen Lieblingsstift und ein Blatt Papier, dein Tagebuch, Notizbuch oder deinen Laptop, oder das, mit dem du eben sonst am liebsten schreibst. Zuallererst solltest du nämlich deine ganz persönlichen Stressoren (Stressauslöser) kennen, um sie dann gezielt bewältigen und beseitigen zu können. Jetzt suche dir einen gemütlichen Platz aus, an dem du dich wohl fühlst. Das kann deine Couch sein, dein Bett, dein Lieblingsplatz im Garten, auf dem Balkon, an einem See, im Wald oder wo auch immer. Das ist vollkommen egal. Nur wohl solltest du dich dabei fühlen. Achte bitte darauf!

☼ **Aufschreiben**

Jetzt schreibst du alles auf eine Liste, was dich an dir selber, in deinem Leben, in deinem Job, in deiner Beziehung oder Partnerschaft, in deiner Familie oder sonst wie nervt. Alles was dir auch nur irgendwie Zeit, Kraft und Energie raubt. Es ist vollkommen egal, wie lange diese Liste wird. Es ist vollkommen egal, was es ist. Egal wie lange es dauert. Schreibe es auf. Schreib einfach drauflos. Frei von der Leber weg. Du kannst dieser Liste auch einen Namen geben: „Meine persönlichen Zeitdiebe" beispielsweise oder „Meine Stressauslöser" oder auch „Alles, was mich in meinem Leben nervt"…wie auch immer. Alles was dich persönlich nervt und stresst, kommt auf diese Liste.

Hast du es? Schön. Dann können wir weitermachen.

☼ Sortieren

Jetzt sortierst du die Stressauslöser. Was nervt dich am meisten? Was ist dein stärkster Energievampir? Was stiehlt dir die meiste Zeit? Wobei verbrauchst du die meiste Kraft? Entweder du nimmst ein neues Blatt hierfür, oder du markierst die Reihenfolge mit einem farbigen Stift mit Zahlen oder Buchstaben. Wobei 10 den stärksten Energievampir ausmacht und je kleiner die Zahlen werden, desto weniger Zeit, Kraft und Energie rauben dir diese Stressauslöser. Null wäre dann also überhaupt kein Stressauslöser.

Jetzt schreibst du dir eine neue Liste. Hierauf kommen alle Energievampire, Krafträuber und Zeitdiebe der Reihe nach mit den zahlen 10 bis 5. Das sind die stärksten Stressauslöser.

Um die niedrigeren Zahlen bzw. die weniger stressigen Dinge kannst du dich später kümmern.

Jetzt markierst du wieder mit farbigem Stift. Auf welchen dieser Stressauslöser kannst du ganz locker verzichten?

Welchen Energievampir, Zeitdieb oder Krafträuber kannst du ohne mit der Wimper zu zucken, ohne schlechtes Gewissen und ohne Schuldgefühle, aus deinem Leben entfernen?

Streiche diejenigen eindeutig durch und somit von der Liste.

> ☼ Sind dass **Situationen und Ereignisse** aus deinem Leben die dich nerven oder stressen und dir nicht gut tun? Und wobei du dich unwohl fühlst?
> ☼ Sind dass **Personen,** die dir nicht gut tun?
> ☼ Sind das irgendwelche **ungeliebten Termine**?

Eben Zeitdiebe? Energievampire und Krafträuber?

☼ Filtern

Jetzt fängst du an, herauszufiltern, welche Energievampire, Krafträuber und Zeitdiebe du NICHT aus deinem Leben entfernen kannst. Weil das vielleicht Verpflichtungen sind, denen du aus irgendwelchen Gründen nachkommen MUSST.

Oder aber es sind die INNEREN Energievampire, Krafträuber und Zeitdiebe die dir keine wirkliche Ruhe lassen. Und deretwegen du dich nicht entspannen kannst. Sondern dich ständig irgendwie genervt und gestresst fühlst.

Das können beispielsweise sein:

- ☼ Belastungen aus deiner Vergangenheit, die du nicht verarbeitet und losgelassen hast
- ☼ Unerledigte Dinge
- ☼ Innere Blockaden und Konflikte
- ☼ Unverarbeitete Ängste
- ☼ Emotionale Schmerzen
- ☼ Nicht beachtete bzw. verdrängte Gefühle und Emotionen

Indem du alles genau aufschreibst und für dich glasklar definierst und formulierst, holst du dir viele Dinge ins Bewusstsein. So kristallisiert sich die absolute Quintessenz deiner ganz persönlichen Stressauslöser heraus.

Dann stellst du dir folgende Fragen:

- ☼ WAS genau stresst mich so an dieser bestimmten Situation, diesem Ereignis oder an diesem Menschen?
- ☼ WELCHE Gedanken, Gefühle und Emotionen löst dass in mir aus?
- ☼ WAS machen diese Gefühle in und mit mir?
- ☼ Kann ich selber was daran ändern? Wenn ja – WAS kann ich ändern? Und WIE kann ich das tun? WER oder WAS kann mir dabei behilflich sein?
- ☼ WIE wichtig ist es mir, an diesem Stressauslöser etwas zu verändern?
- ☼ Wenn ich selber NICHTS daran ändern kann, WER oder WAS hindert mich sonst daran, diesen Energievampir, Krafträuber oder Zeitdieb aus meinem Leben zu entfernen?
- ☼ WARUM kann ich NICHT auf diesen Stressauslöser verzichten?
- ☼ WAS passiert schlimmstenfalls, wenn ich es doch tue? Was wären die Konsequenzen daraus für mich? Könnte ich mit diesen Konsequenzen leben? Oder eher nicht! Und was passiert BESTENFALLS?
- ☼ WAS kann ich tun, um diesen bestimmten Energievampir, Krafträuber und Zeitdieb so angenehm wie es unter den gegebenen Umständen möglich ist, zu gestalten, um so wenig Stress wie möglich zu spüren, wenn ich NICHT darauf verzichten kann?

Jetzt kommst du der Sache langsam schon näher. Merkst du es? Es kristallisiert sich deutlich heraus welche Situationen, Ereignisse oder auch Personen in deinem Leben störend für deinen inneren Seelen-Frieden sind und dich vielleicht sogar von den Dingen in deinem Leben abhalten, die dir wirklich wichtig sind. Und die du MIT diesen Zeitdieben, Krafträubern und Energievampiren so niemals würdest schaffen können.

☼ Entzerren

Entzerre deine Termine! Nimm dir nicht zu viel auf einmal vor. Setz unbedingt Prioritäten. Manches, was nicht so wichtig ist, lässt sich auch mal verschieben! Es muss nicht immer alles auf einmal erledigt werden, wenn es dich dann nur nervt und stresst. Ja, vielleicht sagst du jetzt: „Aber dann habe ich es doch auf einen Rutsch erledigt und brauche nicht mehr daran zu denken."

Damit hast du möglicherweise auch recht. Aber es geht ja darum, dein Leben auf Dauer angenehmer und leichter für dich zu gestalten. Und wenn du zu viel auf einmal machst, auch wenn das nur ab und zu ist, stresst dich das trotzdem. Deine Nerven - dein emotionales, seelisches und körperliches und auch dein geistiges Wohlbefinden wird dir das danken, wenn du dich in Zukunft mehr um dich selber kümmerst, als um irgendwelche Termine, die eigentlich gar nicht so wichtig sind. Und die du sowieso nicht magst. Zudem hörst du dann auf, dich selbst unter Druck zu setzen und allein das wirkt unglaublich entspannend.

Und – kommt jetzt von dir der Einwand, dass man aber manchmal tatsächlich auch Termine wahrnehmen MUSS, die man eigentlich so gar nicht mag? ;))

Dann sitzt du nämlich in der „Ich muss..." Falle!

Und mit der „Ich muss..." Falle setzt du dich selbst ganz gehörig unter Druck.

Denn: MÜSSEN musst du rein gar nichts!

Es sind Entscheidungen, die du triffst. Mal mehr, mal weniger „freiwillig". In welche Richtung diese Entscheidungen gehen, ist wiederum eine sehr individuelle Sache. Hör am besten noch heute auf mit dem „Ich muss" Denken! Befreie dich ganz bewusst aus dieser unnötig belastenden Falle.

Denn – du DARFST...! Und - du kannst...! Nicht (!) du musst...!

Du darfst jederzeit: „Ich muss nicht, weil ich das ganz einfach nicht will, weil es mir nicht gut tut und ich mich unwohl dabei fühle" – sagen!

☼ **Umsetzen**

Wenn du dich schwer damit tust, all dies umzusetzen, denk bitte immer daran dass es DEIN Leben ist, in dem sich der Stressauslöser befindet. DEIN Leben und DEINE ganz persönliche Lebensqualität hängt davon ab, ob du es schaffst, DEINE ganz persönlichen Zeitdiebe, Energievampire und Krafträuber zu minimieren und vielleicht sogar ganz zu eliminieren. Oder in jedem Fall was so daran zu ändern, dass du diese Stressauslöser nicht mehr als Belastung wahrnehmen (musst). Ein bisschen Geduld, Konsequenz, Ausdauer und auf jeden Fall ein guter Wille gehört dazu, dich mit deinen persönlichen Stressauslösern zu beschäftigen und auseinanderzusetzen. Das mag für dich vielleicht nicht immer ganz leicht sein. Das kann sogar erst mal auch anstrengend für dich sein. Weil du es vielleicht nicht gewöhnt bist, dich so intensiv mit dir selber zu beschäftigen. Aber das gehört dazu! Denn die Zeit, die du hierfür brauchst, investierst du ja in deine Zukunft. Mit deutlich weniger Stress. Und weniger Genervtheit. Dafür aber mit deutlich mehr Lebensfreude, Lebensqualität und Leichtigkeit. Die Zeit die dir ansonsten von deinen Zeitdieben regelrecht gestohlen wurde, kannst du jetzt für Dinge verwenden die dir wirklich Freude machen. Mit denen du dich wohl fühlst. Und in die du gerne deine ganz persönliche Energie, Zeit und Kraft investierst. Weil es dic glücklich macht.

- ☼ Was würdest du gerne wirklich tun? Weil dein Herz und deine Seele danach verlangt?
- ☼ Was möchtest du verwirklichen und worin möchtest du dich entfalten?
- ☼ Wer oder was hindert dich daran, das zu tun?

TU es! Handel! Du tust das für dich. Für niemand anders.

Lass deine bewertenden Gedanken ziehen und beachte diese nicht (mehr). Bring ganz bewusst mehr Leichtigkeit in dein Leben. Denn deine Gedanken sind es, die dich von einer Handlung abhalten. Nur deine Gedanken. Dazu aber später noch mehr...

♥ Führe ein Glückstagebuch ♥

Leg dir ein Tagebuch zu, in dem du deine Aufmerksamkeit ganz bewusst auf die kostbarsten und noch so winzigsten Augenblicke deines ganz persönlichen Glücks fokussierst. Auf Momente, die eindeutig wundervolle Glücksgefühle in dir auslösen.

Besorge dir dafür ein besonders schönes Tagebuch. Möglichst in deiner Lieblingsfarbe. Oder gestalte es selbst kreativ. Und benutze einen Stift, den du besonders gerne in deiner Hand hältst. Dieses Buch darf auch so klein sein, dass du es in deiner Handtasche mit dir herumtragen kannst. So dass du jederzeit, wenn dir was passendes einfällt oder dir was entsprechendes passiert, es gleich in diesem Glückstagebuch festhalten kannst. Denn schon innerhalb eines Wimpernschlages kann Glück wieder vorbei sein.

Was genau definierst du für dich persönlich als wahres Glück?

- ☼ Achte auf die winzigsten Details in deinem Leben die auch nur einen Hauch von Glücksgefühl in dir auslösen. Denn dies sind die wertvollsten Augenblicke deines Lebens
- ☼ Das können Dinge sein, die dir bei einem Spaziergang im Wald auffallen oder bei einem Stadtbummel oder in einem Gespräch mit deinem Lieblingsmenschen
- ☼ Erinnerst du dich – was in deiner Vergangenheit hat dich besonders glücklich gemacht? Kannst du das irgendwie in der Gegenwart reproduzieren? Oder wenigstens das entsprechende Glücksgefühl ins Hier und Jetzt transportieren?
- ☼ Welche Dinge, Situationen oder Personen lösen Glücksgefühle in dir aus?
- ☼ Welche Farben in deinem Leben machen dich glücklich?

- ☼ Mit welchen Dingen empfindest du besondere Leichtigkeit in deinem Leben?
- ☼ Was fällt dir besonders leicht, zu tun?
- ☼ Was in deinem Leben würde dich ganz besonders glücklich machen? Vollkommen unabhängig von irgendwelchen finanziellen Dingen?

Schwelge hier ruhig in deinen Träumen und Phantasien. Der Clou hierbei ist nämlich – je mehr du dich mit deinen ganz persönlichen Glücksgefühlen beschäftigst und auseinandersetzt, desto glücklicher, leichter und unbefangener fühlst du dich tatsächlich. Weil das Glück sich so ganz automatisch in deinem Leben manifestiert. Außerdem vervielfältigt sich so dein Glück, da du deine Aufmerksamkeit gezielt darauf lenkst. Und du weißt ja, alles worauf deine Aufmerksamkeit sich richtet, erzeugt Energie und Fülle.

Das alles schreibst du in dein Glückstagebuch. Du kannst dazu auch Erinnerungsstücke einkleben oder von dir selbst gemalte Zeichnungen einfügen, die dich an besonders schöne Momente und Augenblicke in deinem Leben erinnern.

4. Wie du Störendes ausblendest

Sicherlich erlebst du es auch Tag für Tag, dass die ständigen Reize all deiner Sinne dich überstrapazieren und im wahrsten Sinne des Wortes nerven. Besonders, wenn du zu den hochsensiblen Menschen gehörst. Dann sind sowieso all deine Sinne konstant geflutet und überanstrengt. Wie ist das bei dir? Hast du schon deine ganz persönliche Strategie entwickelt, um dem alltäglichen „Stress der Sinne" entgegenzuwirken? Und so automatisch Gelassenheit und Leichtigkeit in dein Leben zu ziehen? Nein? Dann möchte ich dir einige wichtige und sehr hilfreiche Tricks verraten. Gerade bei hochsensiblen Menschen ist es ja so, dass störende Geräusche eine sehr unangenehme Belastung darstellen können. Viele Geräusche werden als sehr unangenehm empfunden und schmerzen regelrecht in den Ohren. Gegen die Geräusche an sich kann man ja leider schlecht etwas machen. Allerdings gibt es sehr wohl eine effektive Strategie, die es dir sehr erleichtern wird, störenden Lärm in Grenzen zu halten.

Konzentriere dich bewusst auf das, was du WILLST…nicht auf das, was du NICHT willst…!

Du willst nämlich was? Genau…Ruhe. Und wie kannst du das jetzt erreichen? „Ich kann doch den Lärm um mich herum nicht abstellen", wirfst du jetzt vielleicht in den Raum. Das ist richtig. Das kannst du nicht. ABER…! Du kannst dich tatsächlich auf das konzentrieren, was du WILLST. Wenn du genervt von irgendwelchen störenden oder unangenehmen Geräuschen bist, oder wenn Lärm dich regelrecht in den Ohren schmerzt, dann gewöhne dir einfach an, die Geräusche, die du eben NICHT hören willst oder weil du sie als quälend empfindest, aus deinem Gehör AUSZUBLENDEN!

„Und wie soll das funktionieren"…fragst du jetzt sicherlich nach. Das ist gar nicht so schwer. Das kannst du sehr gut üben. Es funktioniert wirklich. Falls du schon regelmäßig still meditierst, wirst du feststellen, dass du das dabei ganz automatisch bereits die ganze Zeit tust.

Nehmen wir beispielsweise einen deiner Lieblingssongs. In dem eine eindeutige Melodie in der Musik erkennbar ist, sowie natürlich die Gesangsstimme. Am besten verwendest du Kopfhörer (Ohrstöpsel) für den Anfang. So kannst du dich besser konzentrieren. Nun hörst du dir den Song einmal ganz normal an. Fällt dir was auf? Du kannst dich entweder nur auf die Musik oder nur auf die Gesangsstimme konzentrieren. Eine melodiöse Musik ist aber besser, da der Gesang ja immer wieder unterbricht. Jetzt konzentrierst du dich auf die Musik. Auf die Melodie. Nur darauf. Den Gesang – die Stimme – blendest du aus. Wenn du jetzt die Musik bzw. die Melodie immer wieder anhörst und dich nur DARAUF konzentrierst, kannst du die Stimme bzw. den Gesang regelrecht ausblenden.

Genauso kannst du das mit störenden und nervenden Geräuschen im Alltag umsetzen. Du blendest das, was du NICHT hören willst, einfach ganz gezielt aus.

Das kannst du beispielsweise anwenden bei:

- ☼ Störendem Verkehrslärm
- ☼ Bei Rasenmähern in der Nachbarschaft
- ☼ Bei nerviger Musik die du selbst nicht abstellen kannst
- ☼ Nervenden Unterhaltungen anderer Menschen in deiner unmittelbarer Nähe
- ☼ Und...und...und...

Das mag für den Anfang zugegebenermaßen etwas schwierig für Ungeübte sein, aber das lässt sich in jedem Fall lernen. Diese Strategie des Ausblendens funktioniert!

Es ist, wie alles andere im Leben auch, ein Lernprozess, der individuelle Zeit benötigt. Erlaube dir selbst, diese Zeit zu brauchen.

Und sei geduldig mit dir selbst :)

5. Wie du dich aus der Falle deiner destruktiven Gedanken befreist und Leichtigkeit in deinem Denken findest

Ertappst du dich immer mal wieder dabei, dass du über alles mögliche nachdenkst? Du grübelst und grübelst und grübelst, schlimmstenfalls stundenlang? Vielleicht bekommst du sogar Kopfschmerzen von dem vielen nachdenken? Oder du kannst deshalb Nachts nicht einschlafen oder nicht durchschlafen? Und wenn du mal aufwachst, belästigen dich deine Gedanken schon wieder mit ihrer Anwesenheit und es entsteht keinerlei Ruhe in deinem Kopf?

Hierbei handelt es sich tatsächlich um ein Massenphänomen unter den Hochsensiblen. Nämlich, dass die Gedanken im Kopf permanent durcheinanderwirbeln. Und dir das Leben schwer machen. Weil du es einfach nicht schaffst, den Verstand abzuschalten. Und Stille in deinem Kopf zu generieren. Manchmal hast du vielleicht regelrecht das Gefühl, ein Hurrikan wütet in deinem Kopf. So eine Vielzahl von Gedanken sind ständig vorhanden. Und dein Verstand produziert andauernd neue Gedanken. Die sich um die vorhandenen Gedanken herumwinden, wie eine toxische Schlingpflanze, die alles natürliche Leben erstickt. Und so dann der typische Kreislauf deiner Gedanken und der zermürbende Lärm in deinem Kopf entsteht.

Wahrscheinlich erkennst du dich selbst gerade wieder. Oder?

Auch mir persönlich ist es nicht anders gegangen, als ich noch nicht ganz bei mir selbst war. Ich kenne dieses permanente überfließen der Gedanken nur allzu gut. Es ist, als ob du einen riesigen Springbrunnen in deinem Kopf hättest, der anstatt Wasser permanent neue Gedanken produziert. Die sich aus sich selbst heraus immer wieder erneuern. Und diese Gedanken sprudeln dann über, sie purzeln übereinander und es entsteht das Chaos in deinem Verstand, dass du nicht los wirst. Weil du einfach nicht weißt, wie du das tun sollst.

Viele hochsensible Menschen kennen sicherlich auch die typischen Sprüche von außen:

- ☼ „Denk doch nicht immer so viel nach"
- ☼ „Mach dir nicht ständig über alles und jedes Gedanken"
- ☼ „Warum zerpflückst du immer alles bis in alle erdenklichen Einzelheiten"

Für hochsensible Menschen ist das aber völlig normal. Sie können nicht anders.

Einerseits zeigt ein permanentes Nachdenken hohe Intelligenz. Andererseits zerpflückst du aber wirklich alles ganz automatisch bis ins kleinste Detail. Was überaus anstrengend für deinen Verstand ist. Denn das viele nachdenken macht unglaublich müde. Und es erschöpft nicht nur den Geist. Außerdem bringt es dich trotzdem nicht wirklich weiter.

Stimmt`s?

Aber – immerhin ist dein Verstand ja dafür da, dass er analysiert, prüft und abwägt. Dein Verstand will Fakten sammeln. Er will Beweise und Gegenbeweise anhäufen. Dein Verstand will Gründe und Ursachen herausfinden. Er bewertet. Er meldet Zweifel an. Er misstraut vielem. So legt er dir immer wieder Stolpersteine in den Weg. Und macht dir immer wieder einen Strich durch die Rechnung.

Im Laufe der Zeit haben mich viele Hochsensible gefragt, wie sie es schaffen können, den Kopf auch mal abzuschalten. Und die Gedanken zu besänftigen. Das ist wirklich sehr schwer. Beruhigenderweise haben wir Hochsensiblen auch das gemeinsam.

Es gibt aber durchaus Strategien und Methoden, deine Gedanken zwischendurch auch mal dazu zu bringen, Ruhe zu geben. Zwar ist dein Verstand genau dafür da, um zu funktionieren, aber du kannst auch ihn, genauso wie deinen Körper, dazu bringen, zwischendurch mal etwas runterzufahren. Und stiller zu werden.

Allerdings ist es so:

Je mehr du dich ganz bewusst darauf konzentrierst, dass dein Verstand sich beruhigt, desto mehr muckt er dagegen auf. Bedeutet ganz genau, je mehr du dich darauf fokussierst, dass dein Gehirn aufhört zu denken, desto mehr Gedanken bilden sich und spielen in deinem Kopf verrückt.

Mir persönlich hilft es ungemein, wenn ich meine Gedanken beobachte. Ich weiß sie sind da. Und das ist auch okay so. Aber ich halte dann ganz bewusst keinen Gedanken fest! Was du aber meist ganz automatisch tust. Du fixierst dich auf einen bestimmten Gedanken und hältst ihn beinahe zwanghaft fest. Und um genau diesen Gedanken bilden sich dann unzählige neue Gedanken.

Ich lasse dann, gerade beim stillen meditieren, meine Gedanken einfach nur ziehen. Wie Wolken, die langsam am Himmel dahin gleiten. Das wichtige dabei ist, die eigenen Gedanken nicht zu bewerten. Denn es ist völlig egal, was du gerade denkst. Dabei gibt es kein richtig oder falsch. Ich nehme wahr, dass die Gedanken in meinem Kopf da sind und wenn es zu viele sind, wild durcheinanderwirbeln, aber ich lasse mich davon inzwischen nicht mehr beeindrucken. Natürlich funktioniert das nicht immer. Und nicht mit allen Gedanken. Wenn bestimmte Gefühle und Emotionen mit bestimmten Gedanken verbunden sind, gelingt auch mir das beruhigen meiner Gedanken in einem solchen Moment nur schwer. Da ich ein äußerst gefühlsbetonter Mensch bin. Und dann ganz automatisch meine Gefühle und Emotionen mit meinem Verstand analysiere. Und mich selbst permanent reflektiere. Aber inzwischen aus einer neutralen Position des bloßen Beobachtens.

Vielleicht denkst du darüber nach, was du bei bestimmten Dingen in deinem Leben besser machen könntest. Weil du einen Hang zum Perfektionismus hast. Was ja viele hochsensible Menschen von sich sagen. Wenn du etwas tust, dann willst du es sicher perfekt tun. Oder du lässt es gleich ganz sein. Weil du ansonsten unzufrieden mit dir bist. Halbe Sachen gibt es bei dir nicht?

Allerdings liegt es ja nicht immer nur in deiner Hand, ob etwas besser gemacht werden könnte. Sondern es liegt einfach auch oft an den äußeren Umständen. Die du selbst nicht immer beeinflussen kannst. Und es liegt auch an anderen Menschen, die wiederum ihr eigenes Denken, Fühlen und Handeln haben. Was nicht zwangsläufig auch mit deinem Denken, Fühlen und Handeln übereinstimmen muss. Denn jeder Mensch denkt, fühlt und handelt aus seinen ureigenen und persönlichen Konditionierungen, Mustern und Glaubenssätzen heraus.

Jedenfalls kann es aufgrund der Hochsensibilität ganz schön anstrengend und im wahrsten Sinne des Wortes nervig sein, permanent irgendwelche Gedanken im Kopf zu haben, mit denen du dich befassen musst. Oder? Wenn es allerdings um wichtige Entscheidungen geht, die du treffen musst, empfehle ich dir unbedingt, auf deine Intuition, dein Herz und deine Seele zu hören. Denn dann weißt du genau, dass du immer richtig liegst. Außerdem ist dir dein weiblicher Ur-Instinkt dabei eine überaus wertvolle Hilfe. Auf den du unbedingt und absolut vertrauen darfst.

Auch Männer haben einen männlichen Ur-Instinkt. Sie haben meistens, genauso wie viele Frauen, nur verlernt, auf ihn zu hören und ihn überhaupt zu nutzen. Weil viele, auch oder gerade sensible, Männer absolute Kopfmenschen sind. Und dann meist nur rational und sachlich denken. Gefühle lassen sie erst gar nicht zu. Obwohl sehr wohl starke und intensive Gefühle und Emotionen in ihnen vorhanden sind. Die sie aber unterdrücken und weit von sich schieben. Schlimmstenfalls sogar verleugnen. Weil die Intensität dieser Gefühle ihnen massive Angst einjagt. Und sie nicht damit umgehen können. Deshalb bleiben viele dieser sensiblen Männer lieber im Sicherheitsmodus ihres Verstandes. Was aber den riesengroßen Nachteil hat, dass sie so „freiwillig" darauf verzichten, aus ihrem Herzen zu leben. Und ihr wahres Glück zu finden. Und sich so selbst emotional limitieren. Sie benutzen lieber ihren Verstand und analysieren alles bis zum „geht nicht mehr", als dass sie es zulassen könnten, ganz in ihren Gefühlen aufzugehen. Und sich ihren Gefühlen hinzugeben. Weil sie massive Angst haben sich dabei selbst zu verlieren.

Derweil verlierst du dich nicht selbst, sondern du lebst lediglich deine Gefühle und Emotionen aus!

Wegen dieser emotionalen Zwangsbegrenzung vieler sensibler Männer gibt es unendlich viel Kummer und Leid in Beziehungen.

Der Verstand kontrolliert dein Herz. Deine Gedanken spielen dir dabei immer wieder gewaltige Streiche. Weil viele Gedanken einfach nur Illusion und nicht Realität sind. Es sind eben „nur" Gedanken. Dein Herz aber sagt dir die Wahrheit.

Die GEFÜHLTE Wahrheit wollen viele verkopfte Menschen aber gar nicht sehen.

Deshalb lässt du dich lieber von deinen Gedanken leiten. Da FÜHLST du dich sicher. Lieber wägst du permanent das „für und wider" einer Situation ab, als deine Gedanken das sein zu lassen, was sie sind. Eben „nur" die Illusion dessen, was du denkst. Und dich stattdessen ganz auf dein Herz, deine Intuition und deinen Instinkt zu verlassen.

Du spürst zwar eine endlose und unbeschreibliche Sehnsucht danach, deine wahren Gefühle endlich mal ausleben zu können, ohne dabei in dir etwas zurückhalten zu müssen, aber dein Kopf und deine Gedanken die hier permanent durcheinanderwirbeln, lassen es nicht zu, dass dein Verstand die Kontrolle über dein Herz aufgibt. Und sich dein Herz ganz deinen innersten tiefsten Gefühlen und Emotionen öffnet. Was deine wahre Lebensqualität eigentlich rapide einschränkt!

Herz über Kopf, sollte es eigentlich heißen. Aber leider heißt es bei den Verstandesmenschen lieber Kopf über Herz.

Die Kontrolle über die eigenen Gedanken nicht loslassen zu können, bedeutet nichts anderes als Angst zu haben. Die Angst etwas zu verlieren. Nämlich DICH SELBST zu verlieren. Wenn du bei dir selbst bleibst, auf dein Herz hörst und den Weg deiner Seele gehst, KANNST du dich NICHT selbst verlieren. Im Gegenteil. Dann BIST du ganz bei dir selbst. Wenn du deinem Selbst erlaubst, auf deine Gefühle zu hören und deine Gefühle auch zu LEBEN, gewinnst du ganz gewaltig an Lebensqualität.

Kontrolle loszulassen hat immer etwas zu tun mit Verlust. Und Verlust macht Angst. Unter Verlustangst leiden sehr viele Menschen. Verlustangst kannst du aber definitiv loswerden. Es ist außerdem ein immenser Unterschied ob du etwas emotional loslässt und dich abwendest, oder ob du etwas ganz einfach annimmst. Und es somit akzeptierst, wie es ist. Denn nur, indem du etwas annimmst, kannst du auch Neues und somit Fülle, wirklich in dein Leben ziehen. Und somit Bereicherung und Erfüllung empfangen.

Das ist dasselbe Prinzip, wie beim „haben wollen" und beim empfangen.

Beides bewirkt - sowohl beim loslassen und annehmen, als auch beim „haben wollen" und empfangen - vollkommen gegensätzliche Dinge.

Loslassen bedeutet (Kontroll-) Verlust und abwenden. Und annehmen bedeutet Akzeptanz. Du bekommst etwas dazu. Du bekommst nämlich emotionale Freiheit. Und fühlst dich nicht mehr eingeengt durch deine Verlustangst.

Das alles fängt an mit Gedanken. Du DENKST, du verlierst die Kontrolle, also FÜHLST du die Angst. Und die gedachte und gefühlte Angst bewirkt ein angstvolles HANDELN. Du verkrampfst dich innerlich und machst zu. Sowohl gedanklich als auch emotional.

Wenn du was unbedingt haben willst, fängst du an, dafür zu kämpfen. Und verbrauchst dafür unnötig Energie. Du machst dir Gedanken über das: „WIE bekomme ich das, was ich unbedingt will". Und schon wieder kontrollierst du deine Gedanken UND die Situation an sich. Weil du nie gelernt hast, gelassen und vertrauensvoll loszulassen und einfach geduldig abzuwarten und das Leben so anzunehmen, wie es ist. Erst dann kannst du wirklich die Fülle des Lebens empfangen.

Du musst dann nicht mehr deinen Verstand und deine Gedanken kontrollieren. Weil du nicht mehr haben willst, sondern gelassen und entspannt in dir ruhen kannst. Und einfach nur empfängst, was kommt. Was auch die Gedanken in dir sehr beruhigt. Und sie dich nicht mehr permanent aufmüpfig mit Lärm und Getöse im Kopf belästigen.

Bei sehr vielen hochsensiblen und hochsensitiven Menschen ist es ja so, dass sie Gedanken und Gefühle von anderen Menschen übernehmen. Und zeitweise überdeutlich deren Gedanken denken und intensiv deren Gefühle fühlen. Bei Menschen, die dir sehr nahestehen, ist das ganze noch einmal extremer. Was für die nicht hochsensiblen Menschen dann durchaus beängstigend sein kann. Und sie dies erschreckt. Weil sie von den Hochsensiblen regelrecht „gelesen" werden. Und im wahrsten Sinne des Wortes seelisch, emotional und geistig gläsern sind. Was sehr belastend für die eigene Person – für das eigene hochsensible Selbst – sein kann. Weil du dich unbedingt von diesen Gedanken und Gefühlen ANDERER abgrenzen darfst! Vor allem, wenn du kaum noch unterscheiden kannst, was denn deine eigenen Gedanken und Gefühle sind und welche gehören tatsächlich den anderen. Hier darfst du sehr bewusst und konzentriert in dich hineinhören. Und bewusst erspüren, was noch zu dir selbst gehört und was nicht. Denn du kannst NICHT die Verantwortung für Gedanken und Gefühle von anderen Menschen übernehmen. Du kannst nur für deine eigenen Gedanken, Gefühle und Handlungen Verantwortung übernehmen!

- ☼ Wenn dich ein bestimmtes Problem beschäftigt, dann denkst du automatisch darüber nach.
- ☼ Du grübelst...und grübelst...und grübelst...unablässig...
- ☼ Du grübelst über die Vergangenheit, die Gegenwart oder die Zukunft nach. Du fragst dich, was du anders oder besser hättest machen können. Oder du fragst dich, was noch auf dich zu kommt.
- ☼ Du ziehst dich entweder zurück, oder du redest ständig darüber und nervst dann oft andere. Weil sie dich nicht verstehen können. Oder dich einfach nicht verstehen wollen. Aus den unterschiedlichsten Gründen.

- ☼ Du denkst darüber nach, wer oder was das Problem verursacht haben könnte, du denkst darüber nach, wie du das Problem beseitigen und lösen könntest, du machst dir oft sogar Selbstvorwürfe oder redest dir Schuldgefühle ein.
- ☼ Oder du bist enttäuscht, weil bestimmte Erwartungen, die du an einen bestimmten Menschen hattest, von diesem Menschen nicht erfüllt worden sind.
- ☼ Oder das ungelöste Problem macht dir Angst. Weil du nicht weißt, wie du damit umgehen sollst.
- ☼ Du machst dir Sorgen und malst dir innerlich die schlimmsten Szenarien aus, die passieren könnten.
- ☼ Du siehst nur das Negative. Und deine Gefühle und Emotionen spielen nun ebenfalls verrückt. Und so rutschst du in die Negativ-Gedankenspirale ab.
- ☼ Du versuchst zwar immer wieder, das Gedankenkarussell in dir abzustellen und zu stoppen, aber meistens funktioniert das nicht.
- ☼ Und je mehr du dich damit beschäftigst, das Gedankenkarussell in dir anzuhalten, desto schlimmer dreht es sich.

Also bleibt dir im Endeffekt nur eins übrig. Es anzunehmen und zu akzeptieren, dass die Gedanken da sind.

Dass sie in Bewegung sind, je mehr du sie beachtest und bewertest. Dass die Gedanken in deinem Kopf herumspuken, herumwirbeln und sprichwörtliche Purzelbäume schlagen.

Natürlich gibt es noch einige Methoden mehr, vorübergehend deine Gedanken zu beruhigen. Und deinem Kopf auch mal ganz bewusst eine Auszeit zu gönnen. Am wichtigsten ist aber trotzdem, deine Gedanken einfach nur wahrzunehmen. Deine Gedanken zu beobachten und sie fließen zu lassen. Einfach fließen lassen. Ganz gemütlich. Wie ein Fluss, in dem das Wasser langsam und gemächlich vor sich hin strömt. Ganz abschalten kannst du deine Gedanken leider nicht. Schließlich haben wir alle unser Gehirn deshalb erhalten, DAMIT es (mit-) denkt :)

Es ist wie alles andere bei Hochsensibilität auch. Eine Frage des „Wie gehst du für dich selbst am passendsten damit um."

Hier jetzt nur allgemeine Tipps zu geben, gefällt mir nicht so wirklich. Denn auch beim Gedanken beruhigen gilt, was für den einen Menschen super funktioniert, passt für einen anderen noch lange nicht.

Ein paar wertvolle Tipps möchte ich dir zum Schluss aber dennoch zum individuellen Ausprobieren an die Hand geben...

Verschaffe dir aus Prinzip immer glasklare Klarheit! Und somit automatisch Unbeschwertheit und Leichtigkeit.

- ☼ Stoppe sofort ganz bewusst deine negativen Gedanken, sobald du merkst, dass du wieder in eine Gedankenspirale abgleitest – sag innerlich ganz bewusst „STOPP"!
- ☼ Konzentriere dich auf etwas Schönes und Wundervolles. Stell dir beispielsweise deinen Lieblingsplatz oder deinen Lieblingsmenschen vor und schwelge ganz bewusst in **positiven** Gedanken. Lenke dich ab!
- ☼ Versuch auch mal ganz bewusst, an NICHTS zu denken. Lass deine Gedanken einfach nur vorbeiziehen. Wie Wolken am Himmel, die langsam immer weiter dahin gleiten. Lass sie fließen. Und nimm sie einfach nur wahr.
- ☼ Halte deine Gedanken dabei NICHT fest. Beobachte einfach nur, was das mit dir macht. Bewerte deine Gedanken dabei nicht! Wie fühlst du dich?
- ☼ Schreib dir deine Gedanken von der Seele. Schreib alles auf, was dich belastet. Denn so gehen deine Gedanken nicht verloren – falls du Angst hast, etwas bestimmtes zu vergessen, aber dein Kopf wird freier. Und du wirst dadurch innerlich ruhiger und gelassener. Und du kannst vor allem sehr viel besser schlafen, wenn du dir vorher alles herausschreibst.
- ☼ Akzeptiere es, dass deine Gedanken da sind. Und kämpfe nicht dagegen an. Nimm deine Gedanken an und lass sie zu. Denn alles gegen das Sie ankämpfen, wird durch den inneren

Widerstand noch schlimmer! Das kann dann soweit gehen, dass vor lauter Nachdenken dein Gedankenkarussell noch penetranter und zermürbender wird.

Du hast das jederzeit selbst in der Hand! Denk immer daran. Und da bei jedem einzelnen Menschen prinzipiell andere Strategien helfen und funktionieren, muss natürlich jeder für sich persönlich ausprobieren, was richtig und passend für ihn ist. Gewisse Dinge funktionieren allerdings grundsätzlich immer. Wenn du es nur wirklich für dich willst.

Sehr leicht kannst du dabei allerdings in die Illusions-Falle des Denkens tappen.

Du bist, was du denkst – denkst du. Du denkst, dass du denkst. Und genau hier sitzt du bereits in der Falle. Nämlich in der Illusions-Falle Denken. Und sehr oft sogar in der Falle des negativen und destruktiven Denkens.

Eigentlich sieht das ganze in Wahrheit vollkommen anders aus: Nämlich – du BIST, was du FÜHLST...!

Du bist das, was deine Gefühle, deine Emotionen, deine Intuition und deine Seele dir sagt. Wenn du deinen Verstand dabei ignorierst. Denn dein Verstand funkt dir leider immer wieder ganz gewaltig dazwischen. Und lockt dich wieder und wieder in die hundsgemeine Illusions-Falle Denken.

So wie du denkst – fühlst du. So wie du dich fühlst – danach handelst du.

Du lässt dich von deinem Verstand aber immer wieder in die Irre leiten. Oft nimmst du auch das auf, was andere zu dir sagen. Und kommst so absolut von deinem ureigenen Denken ab. Du denkst dann über das nach, was andere dir an DEREN Gedanken einflößen. Anstatt bei DIR zu bleiben und sich um DEIN ureigenes Denken, Fühlen und Handeln zu kümmern.

Sobald du in der Illusions-Falle Denken landest, bewegst du dich von DIR selbst weg.

Denn dein wahres SEIN besteht aus deinen hochsensiblen und hochsensitiven Sinnen. Deiner Seele. Deinem Herz. Deiner Intuition. Und deinem Instinkt.

Indem du immer wieder über die unwichtigsten und unnützesten Dinge nachdenkst, hältst du dich selbst vom HANDELN ab. Gerade WEIL du viel zu viel nachdenkst. Denn du solltest ganz einfach nicht permanent so viel denken, sondern lieber HANDELN. Nämlich danach handeln, was dein Herz, deine Intuition und deine Seele dir sagt.

Aber gerade bei hochsensiblen und hochsensitiven Menschen ist das Denken ja sowieso äußerst vielschichtig, tiefsinnig und komplex.

Das Denken kannst du in verschiedene Kategorien einteilen, nämlich in:

- ♥ Wunschdenken
  Du wünschst dir bestimmte Dinge, ohne zu wissen, ob sie dir jemals erfüllt werden
- ♥ Phantasie-Denken
  Du malst dir in den wildesten Farben und inneren Bildern nicht existente Situationen und Dinge aus
- ♥ Chaotisches Denken
  In deinem Kopf herrscht ein gedankliches Chaos, dass dir Kopfschmerzen und schlaflose Nächte bereitet
- ♥ Klarheit im Denken
  Sortierte und aufgeräumte Gedanken
- ♥ Einbildung / Wahn
  Irreales und verworrenes bis hin zum krankhaften Denken
- ♥ Kreatives (unkonventionelles eben ANDERES) Denken
  Nicht nur EIN Weg führt dich zum gewünschten Ergebnis
- ♥ Denken in Bildern bei den hochsensiblen Menschen

Wenn du versuchst, deine Gedanken zu kontrollieren, kostet dich das unglaublich Kraft. Genauso, wie dir ein kontrollieren deiner Gefühle unglaublich viel Energie abverlangt. Und sich dadurch schlimmstenfalls chronische Erschöpfung in dir breit macht. Was aber nur passiert, indem du dich von deinen Gedanken, von deinem Herz und dem Weg deiner Seele und somit deines wahren Seins abbringen lässt. Weil du dich dagegen wehrst. Und du das nicht wahrhaben willst. Und deshalb alles, was du eigentlich willst und dir eigentlich unglaublich gut tut, weit von dir schiebst.

Dafür ist ausschließlich dein Verstand zuständig. Weil du dich von ihm verleiten lässt, sich in die Irre zu führen.

Dein Verstand bringt dich weg von deinem Herzen. Ab von dem Weg deiner Seele. Und weg von deiner Intuition. Denken ist ausschließlich Illusion. Je negativer du denkst, desto schlechter fühlst du dich. Desto komischer und unlogischer handelst du auch. Und oft ist genau das absolut falsch. Weil du dich dann von der Realität und den Tatsachen abbringen lässt.

Sobald du negativ – also destruktiv - denkst, überprüfe sofort:

- ☼ Sind diese Gedanken real oder irreal - entsprechen sie den Tatsachen – sind deine Gedanken also objektiv oder lediglich subjektiv empfunden
- ☼ Hast du den Hang, alles zu verallgemeinern
- ☼ Nimmst du gewisse Dinge sofort persönlich (hochsensible Menschen haben genau dazu einen extremen Hang)
- ☼ Machst du aus klitzekleinen und nebensächlichen Dingen eventuell einen Riesenwirbel
- ☼ Hochsensible Menschen denken von Grund auf sowieso hoch komplex. Und vollkommen anders als nicht sensible.

Wenn du KONSTRUKTIV denkst, führt dich das zu Lösungen.

Wenn du aber destruktiv denkst, führt dich das in die Schattenwelt deines gesamten Seins. Weil du deine Gedankenwelt als negativ wertest. So gelangst du in eine Abwärtsspirale aus schlechten Gedanken, dazu passenden unguten Gefühlen und entsprechend unpassenden oder sogar schädlichen Handlungen.

Gebrauchst DU bewusst deine Gedanken oder gebrauchen deine Gedanken DICH?

Eine weitere Illusion des Denkens führt dich zu der Tatsache dass du in vielen Dingen auf den richtigen, passenden und perfekten Zeitpunkt wartest. Du DENKST, dieser Zeitpunkt wäre perfekt, jener Zeitpunkt wäre es nicht. Derweil ist Fakt, dass es DEN einen perfekten Zeitpunkt überhaupt nicht gibt. Er wird niemals auftauchen. Weil DU alleine es in der Hand hast, aus ALLEM den perfekten Zeitpunkt zu machen. Jederzeit! Nämlich indem du dich auf den Augenblick konzentrierst. Und nicht auf die Zukunft. Was VIELLEICHT irgendwann einmal der perfekte Moment, der perfekte Augenblick, für dich sein KÖNNTE.

Du DENKST an das, was du WILLST – an das was dir fehlt - du denkst aber NICHT an das, was du bereits HAST. Was mitunter das BESTE ist, was dir überhaupt passieren kann. Wenn du bewusst darauf achtest. Weil du es dann erst richtig SIEHST.

Und solange du so DENKST, wirst du dich auch immer entsprechend FÜHLEN. Und dann entsprechend HANDELN.

Indem du deinen Gedanken die Verantwortung für dein Handeln überlässt, nimmst du dir selber die Chance, im Moment zu SEIN. Weil du immer nur auf den perfekten Zeitpunkt wartest...und wartest...und wartest...und damit schon in der nächsten Falle sitzt...!

Und so lebst du schlimmstenfalls am wahren Leben vorbei.

Wenn deine Gefühle, dein Herz und deine Seele allerdings Wind davon bekommen, wie du dein wahres SELBST ständig mit deinem eigenen

Verstand „betrügst" - fängst du an, zu rebellieren. Weil du in Wahrheit keine Lust darauf hast, dich ständig zu verbiegen. Und dich von deinen destruktiven Gedanken ständig in die Irre und auf den falschen Weg für dich führen zu lassen.

Dein Verstand verleitet dich dazu, deine Gedanken zu bewerten. Und sie in Kategorien einzuteilen:

☼ Gute Gedanken – schlechte Gedanken
☼ Schädliche Gedanken – nützliche Gedanken
☼ Passende Gedanken – unpassende Gedanken
☼ Richtige Gedanken – falsche Gedanken
☼ Reine Gedanken – „schmutzige" Gedanken

Du GLAUBST lieber deinen (von anderen übernommenen und programmierten) Gedanken, als dass du auf dein wahres Gefühl vertraust. Wenn du denkst:

♥ „Das kann ich nicht"
♥ „Das schaffe ich nicht"
♥ „Das ist nichts für mich"
♥ „Das wird ja sowieso nichts"
♥ „Das funktioniert niemals"

Dann GLAUBST du daran. Ohne dies auch nur ansatzweise überhaupt versucht zu haben. Und dich mit einer HANDLUNG davon überzeugt zu haben. Genauso bilden sich dann die entsprechenden Gefühle in dir. Und ZWINGEN dich zu einer Handlung. Die oft aber GEGEN dein wahres Selbst gerichtet ist. Und deshalb dein Kopf und dein Herz oft sehr erbitterte Kämpfe miteinander führen. Weil dein Herz, deine Seele – dein wahres Selbst – vollkommen andere Dinge wollen. Nämlich das, was WIRKLICH für dich gut, richtig und stimmig ist.

Dein Verstand ist dazu nicht in der Lage. Denn er handelt nur nach der Vernunft. Oder nach der Logik.

Und dein Herz, deine Seele und dein wahres Sein handelt nicht vernünftig. Und auch nicht logisch. Sondern rein nach deiner Intuition und deinem Gefühl. Deine Intuition ist dein innerer Lebensberater. Der IMMER ganz genau weiß, was gut und richtig für dich ist.

Nur musst du oft lernen, deinem wahren Selbst, deiner Intuition und deinem Instinkt zu VERTRAUEN. Dich darauf verlassen, dass du so die richtigen Entscheidungen für dich triffst. Und dass dein Verstand das nicht kann. Weil du ansonsten immer faule Kompromisse leben würdest. Weil du immer dein wahres Selbst mit deinen eigenen Gedanken betrügen würdest. Ein permanenter Kampf gegen dich selbst also. Den leider viele Menschen mit sich ausfechten. Der Verstand zu oft die Oberhand gewinnt. Und dessen Argumente viel zu oft beachtet werden. Weil du dich im Widerstand mit deinem wahren Selbst befindest. Anstatt auf das GEFÜHL in dir zu hören.

Wenn du stattdessen denkst:

- ♥ „Natürlich schaffe ich das"
- ♥ „Selbstverständlich kann ich das"
- ♥ „Ich probiere das jetzt einfach aus, dann werde ich sehen ob das etwas für mich ist"
- ♥ „Das wird schon richtig werden"
- ♥ „Aber klar funktioniert das"

Dann GLAUBST du auch das. Und dann wird es auch genauso eintreffen.

Aus all diesen Gründen darfst du dich ganz bewusst aus der Illusions-Falle Denken befreien. Und stattdessen deinem Herzen, deiner Seele und deiner Intuition vollkommen vertrauen. Weil du bei DIR SELBST bleibst. Und so ganz du selbst sein kannst. Denn wenn du deinem wahren Selbst vertraust, dann GLAUBST du an dich selbst. Und dann schaffst du auch alles, was du wirklich für dich willst. Weil es erst dann vollkommen stimmig und passend für dich wird.

6. Wie du es schaffst, dich innerlich und äußerlich abzugrenzen

Kennst du deine persönlichen Grenzen?

Wenn ja, dann ist das sehr gut. Falls nicht, dann empfehle ich dir dringend, deine persönlichen Grenzen herauszufinden. Und diese dann genau zu definieren. So dass du dich nicht mehr verbiegen musst. Und vor allem, dass du keine Angst mehr empfinden musst. Keine Angst vor eventuellen Konsequenzen, wenn du auch mal „Nein" sagst. Denn es geht allein um dein Wohlbefinden! Du musst dich in dir selbst wohlfühlen. Seelisch, geistig, körperlich und auch emotional.

Apropos wohlfühlen. Sobald du merkst, dass du dich **mit** etwas, **bei** etwas oder mit **jemandem** nicht mehr wohlfühlst, ist es an der Zeit, eine Grenze zu setzen. Indem du zu etwas oder zu jemandem „Nein" sagst, tust du nichts anderes, als zu dir selbst(!) „Ja" zu sagen. Das heißt, du bist achtsam und fürsorglich dir selbst gegenüber! Da du bewusst darauf achtest, dich wirklich wohl zu fühlen.

Indem du einfach darauf achtest, **was** macht die jeweilige Situation oder Person mit dir. Bildet sich in dir beispielsweise Widerwillen, Abwehr, Fluchtgedanken, Unwohlsein, Überforderung oder ein allgemeines Stressgefühl, dann geh möglichst aus der Situation raus. Vollkommen egal, was andere Menschen über dich denken oder von dir halten.

Jetzt höre ich dich schon sagen, dass es ja Situationen gibt, aus denen du nicht so einfach flüchten kannst. Wie beispielsweise geschäftliche Termine. Ja, da hast du recht. Aber – dann ist es so, dass du versuchen kannst, dich innerlich abzugrenzen. Indem du dir ganz bewusst eine Situation aus deiner Vergangenheit vorstellst, in der du dich wirklich wohl gefühlt hast. Und in der du glücklich warst. Dieses Gefühl, dass du damit verbindest, musst du in die jetzige Situation transportieren. Damit du ganz in diesen positiven Gefühlen eingehüllt bist. Denk immer daran – positive Gedanken erzeugen positive Gefühle. Positive

Gefühle erzeugen positive Handlungen. Wenn du es also schaffst, eine innere Verbindung herzustellen, zwischen deinen bewussten Gedanken, inneren Bildern und dem dazugehörigen positiven Gefühl, kannst du Situationen, die dir eigentlich unangenehm sind und die du, aus welchen Gründen auch immer, aushalten musst, viel besser ertragen. Weil du dich ganz einfach anders FÜHLST!

Mach NICHT den Fehler und nimm an, dass es die Situation an sich ist, die dir dieses Unwohlsein beschert. Nein, es sind deine **Gedanken** mit den **dazugehörigen Gefühlen,** die dafür sorgen, ob du dich wohl oder unwohl fühlst! Wenn du die ganze Zeit denkst: „Ach, mir gefällt das nicht. Ich will weg hier. Ich fühle mich nicht wohl. Das nervt mich alles. Ich ertrage das nicht länger, ich kann das nicht..." usw...dann ist es nur logisch, dass du dich tatsächlich unwohl und genervt fühlst. Denkst du aber stattdessen beispielsweise: „Das stehe ich doch mit Leichtigkeit durch. Das macht mir überhaupt nichts aus. Das packe ich schon. Das schaffe ich auch noch, dass kann ich locker..." usw...dann erträgst du die Situation schon viel leichter. Probiere es aus. Es funktioniert!

Hab keine Angst, auch mal „Nein" zu anderen zu sagen. Beispielsweise in deiner Beziehung oder Partnerschaft. Wenn du deinem Partner auch mal Grenzen setzt, anstatt dich selbst immer wieder zu verbiegen und aus Gutmütigkeit immer alles recht machen zu wollen – bekommst du dadurch nur seinen Respekt. Denn du beweist mit deiner Abgrenzung deinen Selbstwert. Und deine emotionale Unabhängigkeit von ihm. Was vor allem als Frau enorm wichtig ist! Mach auf keinen Fall den Fehler und sag immer „Ja und amen" zu allem was dein Partner von dir will. Denn so kann sich bei ihm kein Respekt vor dir entwickeln. Er wird dich im Gegenteil immer respektlos behandeln, sobald er spürt, dass du dir alles gefallen lässt und alles mit dir machen lässt.

Innerlich kannst du dich folgendermaßen abgrenzen:

Stell dir eine unsichtbare Mauer aus durchsichtigen Glassteinen vor. Diese Glassteine sind durchlässig. So dass du jederzeit frei atmen kannst. Und die Gefühle, Emotionen, Stimmungen, Schwingungen,

Energien und Gedanken anderer Menschen jederzeit spüren und wahrnehmen kannst. Aber dank deiner unsichtbaren Mauer aus durchsichtigen Glassteinen, kannst DU selbst es kontrollieren, WIE VIEL von alledem du an dich heranlässt. Oder inwieweit du dich eben nach außen hin abgrenzt. Und NICHTS oder nur wenig von außen an dich heranlässt.

Du hast es dabei jederzeit selbst in der Hand, wie viel du von außen – also von anderen Menschen – spüren und wahrnehmen und in dir aufnehmen willst. Oder auch kannst. Es liegt alleine an dir, dich unsichtbar abzuschotten. Oder eben alles zuzulassen, was von außen an dich herankommt und in dich hineinströmt. Was du also in dich aufnimmst. Und was dich schlimmstenfalls immens belasten wird.

Du kannst deine unsichtbare Glassteinmauer jederzeit verschieben. Du kannst sie imaginär ganz eng an dich heranziehen, an deinen Körper, um dein Herz oder deine Seele ziehen – oder du lässt dir selbst mehr Raum. Je nachdem, wie du dich gerade fühlst. Das hängt auch immer mit deiner jeweiligen Tagesform und mit der individuellen Situation zusammen, in der du dich gerade befindest.

Auch wenn negative Energien von außen an dir zerren und dir deine eigene Energie abziehen und aus dir herausziehen wollen, um sich von ihr zu nähren, bist du jederzeit in der Lage, selbst zu kontrollieren und zu bestimmen, inwieweit du dies tatsächlich zulässt!

Die innere Jalousie

Ebenfalls kannst du versuchen, wenn du dich innerlich abgrenzen und abschotten willst, die Jalousie vor deinem geistigen Auge herunterzulassen. Und dich von nichts und niemandem beeindrucken, nerven, stressen oder stören zu lassen. Du verziehst dich so in deinen inneren sicheren Raum und lässt die Außenwelt draußen. So schirmst du dich ebenfalls von belastenden äußeren Einflüssen und Gegebenheiten ab. Was in der heutigen, extrem belastenden, Zeit unabdingbar notwendig gerade für dich als hochsensibler, hochsensitiver Mensch ist.

Energie fließen lassen

Vollkommen automatisch wehren wir uns gegen ein „zu viel" an äußeren Reizen. Weil wir das so gelernt haben. Wir kämpfen dagegen an und schieben alles das, was wir nicht für uns brauchen, von uns weg. Bei hochsensiblen und hochsensitiven Menschen ist es so, dass es uns extrem belasten kann, uns permanent gegen Energien, Stimmungen und Schwingungen, Gefühlen und Emotionen von anderen Menschen zu wehren. Versuch mal die Strategie, dass du alles in dir aufnimmst, annimmst und bewusst durch dich hindurchfließen lässt, was zu dir durchdringt. Was du wahrnimmst und spürst. Stell dir vor, alles fließt von deiner Kopfhaut bis zu deinen Zehenspitzen durch deinen ganzen Körper durch. Das was du brauchst, was DEINE eigene Energie IST, was DEINE wahren Gefühle sind, was DEINE eigene Schwingung ist, hältst du in dir, alles andere lässt du durch dich durch und in die Erde fließen.

Abgrenzung in der Liebe kann aber auch eine destruktive Vermeidungstaktik sein.

Vor allem wenn du aus Kontrolle und Angst handelst. So bleibst du in dem sich ständig drehenden Karussell von Kummer, Stress und Leid gefangen. Wenn du dich auf destruktive Weise von anderen Menschen abgrenzt, stülpst du dir eine imaginäre Glasglocke über. Und lebst in deiner eigenen kleinen Scheinwelt. Die du dir aus deinen bewertenden Gedanken und der Illusion von Gefühlen selbst geschaffen hast. Du fühlst dich gefangen und unfrei. In deinem Herzen, in deiner Seele und in deinen Handlungen. Aber auch in Situationen in deinem Leben, die du selbst vermeintlich nicht beeinflussen kannst. Und zwar genau solange nicht, bis du dir selbst bewusst wirst, DASS du vermeidest. DASS du dich in Wahrheit von deinem wahren Selbst abgrenzt. DASS du dich von der wahrhaftigen Liebe abgrenzt. DASS du dich von deinem Herzen und von deiner Seele abgrenzt. Und deshalb auch diese immensen Schmerzen erleidest, die du in den tiefsten Tiefen deiner Seele spürst, wenn du deine Liebe oder andere Gefühle und Emotionen nicht auslebst. Denn wahrhaftige Liebe, Gefühle und Emotionen per se wollen unbedingt gelebt werden. Liebe will fließen. Und sich somit vervielfältigen. Gefühle wollen gefühlt, gelebt und ausgedrückt werden. Deshalb ist es auch so immens wichtig, dass du dein Herz vollkommen für diese Liebe öffnest. Die Liebe vollständig in dein Herz lässt. Deinen Partner oder deine Partnerin vollkommen in deinem Herzen zulässt. Die Kontrolle über deine bewertenden Gedanken und deine Gefühle und Emotionen vollständig loslässt. Solange du deine negativen Gedanken, deine Gefühle und die Situation mit dem Menschen, den du liebst, immer noch kontrollieren willst, bist du nicht wirklich in deinem Herzen. Sondern gibst dich lange Zeit Illusionen hin. Nämlich der Illusion, dass du längst in deinem Herzen bist. Dass du die Kontrolle längst aufgegeben hast. Dabei machst du dir aber selber oft was vor. Du (ent-) täuscht dich selbst. Denn, solange du Gedanken hast, wie beispielsweise: „Ich zeige dir erst dann meine Liebe, wenn DU mir deine Liebe zeigst" oder auch „Ich lasse mich erst dann vollständig auf dich ein, wenn du DICH vollständig auf mich einlässt", grenzt du dich von der Liebe ab. Grenzt du dich von dir selbst und von dem Menschen, den du liebst, ab. Begibst dich automatisch in eine destruktive Haltung des Vermeidens. Und blockierst dich selbst dabei. Blockierst damit ebenfalls den Menschen, der dich eigentlich liebt. Und blockierst die Liebe an sich. Solange du vom anderen ERWARTEST, dass er als erstes etwas TUN muss, damit du ebenfalls in die Handlung kommst, hältst du die gefühlte „Trennung" zu ihm aufrecht. Solange du deine Liebe auch nur irgendwie zurückhältst und nicht das tust, was du aus tiefstem Herzen und aus tiefster Seele WIRKLICH tun willst, vermeidest du die wahrhaftige Liebe.

Solange du in negativen Glaubenssätzen verharrst, wie beispielsweise dass du nicht liebenswert bist, dass du keine Liebe verdient hast oder dass diese Beziehung sowieso nicht auf Dauer funktioniert, hältst du dich selbst von der Liebe getrennt.

Du SELBST bist es, die sich gefangen hält, in dem seelischen Schmerz. Der Trennung von deinem wahren Selbst. Deinem wahren sensiblen Sein. Und somit auch „getrennt" von dem Menschen, mit dem du eigentlich längst glücklich zusammen SEIN könntest.

Die „Trennung" von der Liebe und die Trennung von deinem wahren Selbst kannst du nur aufheben, indem du die Kontrolle aufgibst.

Indem du alles loslässt, was dich seelisch und emotional blockiert.

Kontrolle aufzugeben, und diese vollständig loszulassen, bedeutet, dich fallen zu lassen. Dich hinzugeben. Dich wirklich einzulassen. Auf all das, was auch passiert. Die Dinge anzunehmen und einfach passieren zu lassen. Dich führen zu lassen. Nichts mehr zu hinterfragen, was die Umstände dieser Liebe betrifft. Sondern absolut zu vertrauen. Denn nur so schaffst du es, vollkommen in deinem Herzen zu SEIN. Und dich in deinem Herzen zu zentrieren. Dich vollkommen auf dein Herz auszurichten. Die Liebe in deinem Herzen wirklich zu spüren. Und diese Liebe auch dauerhaft in deinem Herzen zu halten. Nicht die Illusion der Liebe an sich, sondern die wahrhaftige Liebe SELBST.

Die Kontrolle aufzugeben, fühlt sich erst mal so an, als ob du ins schwarze Nichts fällst. Du fällst und fällst und fällst, in eine grenzenlose Tiefe, sinkst immer weiter, in eine nicht sichtbare Bodenlosigkeit und befürchtest...es passiert ALLES...

Derweil passiert...NICHTS! Es ist nur ein GEFÜHL.

Ein Gefühl...vollkommenen Ausgeliefert-Seins. Ein Gefühl absoluter Ergebenheit. Unglaubliche Angst zerrt plötzlich an dir.

Aber es ist eben alles NUR ein Gefühl. Denn du hast es jederzeit in deiner Hand, ob du dein SELBST tatsächlich verlierst.

Du versinkst nicht unkontrolliert in gefährlichem Treibsand, sondern du schwebst im unendlichen Raum wahrhaftiger Liebe. Mit der unendlichen Kraft deines grenzenlosen Vertrauens. Das dir jederzeit sicheren und stabilen Halt gibt. Du verlierst dich zwar mitten in den flauschig-weichen Wolkengebilden deiner Emotionen, stehst aber trotzdem mit beiden Beinen fest auf der Erde.

Ein Gefühl des völligen Losgelöst-SEINS – frei von Erwartungen, frei von Kontroll-Sucht, frei von Bewertungen deiner Gedanken - breitet sich in dir aus, wenn du dich vollkommen einlässt.

Du schreitest mitten durch das Feld deiner urgewaltigen Ängste, watest über deine inneren Zweifel hinweg und lässt diese ganz bewusst hinter dir zurück.

Du zentrierst dich ganz auf das Hier und Jetzt.

Wenn du deinen GEFÜHLEN wirklich vertraust, findest du auch den Weg in den Raum deines Herzens. Und kannst deine Liebe in diesem Raum auf Dauer verankern. Du zentrierst deine Energie der wahrhaftigen Liebe und befindest dich immer mehr und immer öfter im inneren Raum deines Herzens. Und deines wahren sensiblen SEINS. So hat die destruktive Form der Abgrenzung, die ach so bequeme Vermeidungstaktik, keinerlei Chance mehr in deinem Leben. Da du dich nicht mehr in der Sicherheitszone deines Kopfes, sondern im unendlich weiten Raum deines Herzens und der Liebe befindest.

7. Wie die Intelligenz des Herzens dein Leben beeinflusst

Seit Anbeginn der Zeit zählt unser Herz als Ankerplatz unserer Gefühle. Die Intelligenz unseres Herzens ist nicht zu unterschätzen. Denn die wahre Kraft unseres Herzens lässt uns zum Schöpfer unseres eigenen Lebens werden. Leider haben viele Menschen wieder verlernt oder es niemals lernen dürfen, ausschließlich auf ihr Herz zu hören. Und das Leben bewusst zu fühlen. Nach dem zu handeln, was das Herz ihnen mitteilt. Und so aus der vollen Kraft ihres Herzens zu schöpfen. Viele Menschen leben mehr in der Sicherheit, die ihnen ihr Verstand vorgaukelt. Als dass sie in ihrem Herzen fest verankert sind. Auch kennen sie den wahren Weg ihrer Seele nicht. Derweil ist es die Intelligenz unseres Herzens, die unser gesamtes Leben beeinflusst. Wenn wir es nur zulassen...

Denn alles das, was sich in deinem Herzen abspielt, manifestiert sich in deinem gesamten Leben.

Du kannst emotional aufblühen wie eine Rosenblüte oder du kannst emotional im wahrsten Sinne des Wortes verhungern. Wenn du nicht auf das hörst, was dein Herz dir zu sagen hat.

Du wirst immer genau so behandelt, wie du dich selbst und andere behandelst. Und du bekommst immer das zurück, was du nach außen hin aussendest. Böse Zungen lästern, dass man genau das bekommt, was man verdient hat.

Dahinter steckt was ganz Einfaches:

Gegenseitige Anziehung. Dein Leben lang ziehst du genau das an, was du nach außen hin aussendest. Je nachdem, ob du die Kraft deines Herzens nutzt oder den Illusionen verfallen bist, die dein Verstand dir permanent vorgaukelt. Anhand folgender Beispiele sind diese Aussagen leicht nachzuvollziehen. Du kannst es jederzeit selber ausprobieren. Und es funktioniert:

Läufst du mit offenem Blick und einem Lächeln auf den Lippen durch die Welt, werden dir die Menschen, denen du begegnest, freundlich gesinnt sein. Und du ziehst Menschen in dein Leben, die ebenfalls offen und freundlich sind. Sobald du andere Menschen anlächelst, wirst du dich wundern, von wie vielen Menschen du ein Lächeln zurückbekommst. Wenn du allerdings griesgrämig und schlecht gelaunt durch die Welt läufst und an allem was auszusetzen hast, wirst du genau solche Menschen auch anziehen. Denn Gleiches zieht Gleiches an. Weil du eine gewisse Ausstrahlung auf andere Menschen hast. Und nicht nur auf Menschen, sondern auch auf Situationen und materielle Dinge.

Wenn du voller Liebe bist und dich selbst und andere Menschen mit Respekt und Wertschätzung behandelst, wird das immer zu dir zurückkommen.

Und du wirst ebenfalls mit Liebe, Respekt und Wertschätzung behandelt.

Liebst du das, was du tust, wirst du mit Fülle und Erfüllung belohnt.

Es kommt immer darauf an, wie du selbst denkst. Lässt du deinen Verstand für dich entscheiden oder erlaubst du deinem Herzen, zu sprechen. Bist du positiv oder negativ denkend eingestellt? Oder fühlst du lieber dein Leben? Bist du Optimist oder Pessimist? Ist das berühmte Glas Wasser für dich halb voll oder grundsätzlich halb leer?

Wenn du die Einstellung hast, dass das Glas Wasser nur noch halb voll ist, bist du Pessimist und denkst negativ. So konzentrierst du dich auf den Mangel. Du bist der felsenfesten Überzeugung, dass du ja „nur noch" die Hälfte übrig hast und regst dich wahrscheinlich darüber auf. Aber wie ist es, wenn du die Einstellung hast, dass du doch immer noch ein halbes Glas übrig hast? Besser „nur" ein halbes Glas als gar nichts? Das ist die Konzentration auf die Fülle. Optimismus. Positives Denken. Womit du auf Dauer sehr viel besser fährst, als wenn du dich auf irgendwelche Mangelzustände fokussierst.

Als hochsensibler Mensch bist du besonders empfänglich für das Gesetz der Resonanz.

Sehr viel schneller als ein nicht sensibler Mensch wirst du erkennen und erspüren, wenn du Menschen, Situationen und Dinge in dein Leben ziehst, die du vielleicht nicht haben willst. Und schon überhaupt nicht brauchst. Und gerade als hochsensibler Mensch kannst du aufgrund deiner Intuition, deinem Bauchgefühl, bewusst dagegen steuern. Und dich darauf konzentrieren, nur das in dein Leben zu ziehen, was du auch darin haben willst.

Es ist immer elementar, dass du dich auf die Fülle in deinem Leben konzentrierst. Auf das, was du bereits hast. Denn dann ziehst du ganz automatisch auch wieder Fülle an.

Du solltest dich niemals auf bestehende Mängel fokussieren. Denn sonst werden sich immer mehr Mängel einstellen. Und du wirst immer unzufriedener mit dir und deinem Leben sein. Hochsensible Menschen haben ein besonders feines Gespür für solche Dinge.

Auch solltest du dich als hochsensibler Mensch nur darauf konzentrieren, was du wirklich für dich willst.

Beispielsweise in einer bestehenden Beziehung. Gibt es immer wieder Punkte im gemeinsamen Leben, an denen die Kommunikation scheitert und einer von euch anfängt, zu streiten, anstatt die Konflikte konstruktiv und friedlich zu lösen? Wenn du dich jetzt auf den Streit konzentrierst und keiner der Partner einlenkt und „vernünftig" wird, schaukelt sich die Situation immer weiter hoch. Legst du den Fokus aber stattdessen darauf, eine Lösung zu finden, mit der beide Partner wirklich zufrieden sein können, dann ziehst du das positive an. Und wirst mit gegenseitiger Liebe und Wertschätzung belohnt.

Wünschst du dir immer wieder, bestimmte Dinge NICHT zu haben, wirst du regelmäßig scheitern. Und stattdessen genau das Gegenteil erreichen. Dann ziehst du nämlich automatisch NOCH MEHR von genau den Dingen an, die du eigentlich NICHT haben willst. Denn wenn du etwas NICHT haben willst, warum konzentrierst du dich dann darauf?

Stattdessen solltest du dich lieber darauf konzentrieren, was du UNBEDINGT in deinem Leben haben willst.

Wenn du dir nämlich Dinge, die du UNBEDINGT haben willst wünschst, werden diese Wünsche sich oft schneller erfüllen, als du es für möglich hältst. Solange diese Wünsche aus dem Herzen kommen. Denn alles, was wirklich aus deinem Herzen kommt, strahlst du nach außen hin ab und es wird sich erfüllen. Das ist die Resonanz. Die gegenseitige Anziehung. Möglicherweise ziehst du immer wieder die falschen Partner in dein Leben. Und bist todunglücklich damit. Dann strahlst du bestimmte Schwingungen aus, die genau diese Menschen spüren und anlocken. Hast du beispielsweise alte Konflikte und alte Beziehungen noch nicht verarbeitet, trägst du das mit dir herum. Und ziehst solche Menschen an, die genau dieselben Probleme haben. Und diese ebenfalls ungelöst mit sich herumschleppen.

Gleiches zieht Gleiches an. Denn gleiche Seelen erkennen sich gegenseitig.

Deshalb scheitern auch so viele Menschen daran, einen passenden Partner für sich zu finden. Weil sie viel zu verbissen und aktiv suchen, anstatt sich einfach finden zu lassen. Das ist ein einfacher, aber wirkungsvoller „Trick". Wenn du dir einen ganz bestimmten Partner in deinem Leben wünschst, solltest du das ganz einfach nach außen hin ausstrahlen. Dann wird genau dieser Mensch von dieser Energie und Ausstrahlung angezogen. Und schon hast du ihn in deinem Leben. Das hört sich jetzt allerdings einfacher an, als es tatsächlich ist. Erst mal darfst du natürlich lernen, umzudenken. Optimistisch zu sein. Positiv zu denken. Dem Leben zu vertrauen, dass es dir genau das schenkt, was du für dich brauchst.

Und das auch aus tiefstem Herzen so zu FÜHLEN.

Innerlich wirklich frei und offen zu sein, für diesen einen bestimmten Menschen.

Erst dann strahlst du gewisse Dinge nach außen hin ab und ziehst genau das in dein Leben, was du unbedingt haben willst. Sobald du innerlich blockierst, was dir meist gar nicht bewusst ist, wird es nicht funktionieren. Denn dann sendest du genau diese Blockade nach außen. Ein anderer Mensch, erst recht, wenn es sich um einen hochsensiblen Menschen handelt, spürt genau, ob ein Mensch innerlich offen ist oder eher verschlossen und blockiert.

Ein weiteres Beispiel. Bist du in irgendeiner Form mit dir selbst und deinem Äußeren unzufrieden und unglücklich und konzentrierst dich – unbewusst – immer nur auf diesen Mangel und diese Unzufriedenheit, wirst du dich niemals selbst lieben können. Und etwas an dir finden, mit dem du zufrieden und glücklich leben kannst. Wie sollst du dann jemanden anziehen, der fähig ist, dich wirklich zu lieben und zufrieden mit dir zu sein, wenn du genau das nicht aussendest? Womöglich projizierst du noch deine eigenen Unzulänglichkeiten auf den jeweiligen Partner und wunderst dich dann, dass alles irgendwie völlig verkehrt läuft?

Liebst du dich dagegen selbst und siehst deine eigenen positiven Seiten, kannst du dich selbst im Spiegel betrachten und dir selbst zulächeln, dann wirst du die Zufriedenheit anziehen. Und du wirst immer mehr an dir selbst finden, das attraktiv und liebenswert ist.

Das ist die Fülle die dann automatisch eintritt. Nur wenn du dich selbst wirklich genauso liebst und akzeptierst wie du in deiner Tiefe bist, kannst du von einem anderen Menschen ebenfalls wirklich geliebt und akzeptiert werden. WEIL du so bist, wie du bist. Und ist es nicht genau das, was du eigentlich wirklich willst?

Das Gesetz der Resonanz funktioniert immer. Egal wie. Allerdings kannst du selbst die Richtung bestimmen, in die es gehen soll.

Du kannst die gegenseitige Anziehung jederzeit beeinflussen und ändern. Genauso wie du es individuell haben willst. Natürlich musst du an das Gesetz der gegenseitigen Anziehung glauben. Du musst sogar regelrecht davon überzeugt sein. Denn wenn du etwas NICHT glaubst, kann es nicht funktionieren. Du selbst bist die Ursache - und das was du anziehst, die Wirkung darauf. Im positiven wie im negativen Sinne.

Das, was du anziehst, ist allerdings immer was, das du für irgendwas in deinem Leben brauchst.

Beispielsweise für die eigene Weiterentwicklung. Oder um was aus der Vergangenheit verarbeiten zu können. Oder um eigene Unzulänglichkeiten kompensieren zu können. Oder um aus Fehlern, die du immer wieder gemacht hast, zu lernen. Oder einfach als Ergänzung deines eigenen Selbst. Weil du im Anderen irgendwas erkennst, was du selbst zwar irgendwo in deinem Inneren besitzt, es aber aus irgendwelchen Gründen nicht leben und nicht nach außen hin zeigen kannst.

Alles hat seinen Sinn so wie es passiert. Alles ist in Resonanz miteinander.

Manches zieht sich gegenseitig an, manches stößt sich aber auch ab. Wenn sich etwas abstößt, dann bedeutet das ganz einfach, dass du es in deinem Leben nicht brauchst. Dann macht es keinen Sinn, dich damit zu beschäftigen und auseinanderzusetzen. Ansonsten würdest du es automatisch anziehen. Deswegen stimmt auch bei manchen Menschen die Wellenlänge und bei anderen wiederum nicht. Weil du die einen für irgendwas brauchst und die anderen nicht. Genau das erklärt auch die Abneigung gegen bestimmte Menschen, Situationen und Dinge.

Wenn du in dir verschlossen bist, wirst du genau das anziehen. Wenn du allerdings offen für Neues und neugierig auf die Welt bist, ziehst du genau die Dinge an, die du dazu brauchst.

Das ist dasselbe, wenn du auf deine Intuition hörst und bestimmte Fragen an das Leben hast. Dann werden mit einem Mal lauter äußere

Zeichen auftauchen, die dir die Antwort in den Schoss legen. Das kann in Form von irgendwelchen thematisch passenden Artikeln sein, Musikstücke, Gesprächsfetzen, die du hörst, Menschen, die dir begegnen, Links die dich auf die passende Website führen, Überschriften, Buchtitel, Bilder usw.

Du musst nur offen genug sein, um diese Zeichen zu sehen, zu erkennen und zu deuten. Das ist fast magisch. Denn es erfüllt dich. Und beseitigt automatisch die Mängel in deinem Leben.

Alles, was du aussendest, fällt in irgendeiner Form zu dir zurück. Also ist es logisch, dass du – wenn du positive Dinge in deinem Leben haben willst, auch positives ausstrahlen solltest.

Wenn du dafür offen bist, kannst du genau das lernen. Alles ist möglich. Du musst es nur wirklich wollen.

Und alles, was aus deinem Herzen kommt, was du dir ohne Erwartungen wünschst, wird funktionieren. Du ziehst genau das in dein Leben, was du wirklich willst. Ob das ein bestimmter Mensch ist, eine Situation oder materielle Dinge. Also solltest du immer darauf achten, was du denkst und was du fühlst und wie du handelst. Da du immer nur das siehst, was du auch sehen willst, kommt genau das zu dir zurück.

Wie wirklich ist die Wirklichkeit? Es gibt nicht nur eine einzige Wirklichkeit. Es gibt unzählige Wirklichkeiten. Jeder Mensch schafft sich seine ureigene individuelle Wirklichkeit. Weil jeder Mensch seine ganz persönliche und individuelle Wahrnehmung hat. Und manchmal kommt es auch vor, dass deine eigene Wahrnehmung aus den unterschiedlichsten Gründen so stark getrübt ist, dass die falschen Dinge bei dir ankommen. Weil du dann die falschen Signale aussendest. Sobald du das aber merkst, kannst du das ganz bewusst durchbrechen, und an dir arbeiten. Und zwar jederzeit. Es ist niemals zu spät, was zu verändern. Oder andere Dinge in dein Leben zu ziehen, als du es bisher getan hast. Weil du es nicht besser wusstest. Dein eigenes persönliches Umfeld, und somit deine eigene persönliche Umwelt, ist immer ein

Spiegel von dir selbst. An deinem Umfeld kannst du genau erkennen, wer du wirklich bist. Was du nach außen hin aussendest und welche Schwingung du ausstrahlst. An deinem Äußeren erkennst du dein Inneres. Da dein Körper und auch deine Wohnung oder dein Haus der Spiegel deiner eigenen Seele ist.

Manchmal trickst du dich selbst allerdings aus. Und täuscht deinem eigenen Selbst etwas vor, das nicht vorhanden ist. Indem du nach außen hin lediglich den Schein wahrst und eine schützende Fassade aufbaust. Genau das ziehst du dann wiederum an. Weil dein Unbewusstes IMMER mitarbeitet. Fünfundneunzig Prozent aller Entscheidungen, die du täglich triffst, werden von deinem Unterbewusstsein gesteuert. Wenn du also eine Fassade aufsetzt, kannst du nur Menschen anziehen, die ebenfalls Fassade sind. Authentisch ist somit keiner.

Wenn du also Menschen anziehen willst, die authentisch sind, musst du selbst ebenfalls authentisch sein.

Gleiches zieht Gleiches an. Alles im gesamten Universum ist in Resonanz miteinander. Und beeinflusst sich gegenseitig. Alles ist von irgendwas anderem abhängig. Und sendet Schwingungen aus. Nichts funktioniert allein. Alles hängt miteinander zusammen und zieht etwas anderes an. Und zwar genau das, was es braucht.

Deshalb gibt es auch keine Zufälle. Dein Schicksal gestaltest du grundsätzlich selbst.

Wenn du dir deiner innersten Überzeugungen bewusst bist, bist du der Schöpfer deiner eigenen Welt. Alles, was du tust, geht mit sofortiger Wirkung in ein kosmisches Wellenfeld über. Und alles interagiert mit dir. Alles wird gesteuert von einem unsichtbaren Energiefeld. Dass alles im gesamten Universum mit allem verbindet.

Resonanzfähig bist du nur, wenn etwas auf derselben Frequenz schwingt, wie du selbst.

Du bist immer und überall „Sender" und „Empfänger". Da die kosmischen Energien und Schwingungen immer mit dir verbunden sind. Jeder Gedanke ist schwingende Energie. Egal ob dieser positiv oder negativ ist. Wenn du dich permanent im Energiefeld deiner Gedanken aufhältst, empfindest du dich auch von allem getrennt. Weil du dich durch deine Gedanken selbst trennst. Befindest du dich aber in deinem Herzen, wirkt auch diese vorhandene Energie. Und du fühlst dich mit allem verbunden. Permanent sendest du Schwingungen und Energie aus. Und alles, was mit dieser Energie in Resonanz geht – weil es sich um dieselben Schwingungen und Energie handelt, manifestiert sich somit in deinem Leben. Alles, was nicht mit deinen Schwingungen und Energien konform geht, stößt du automatisch ab. Weil du es nicht brauchst. Alles besteht aus Ursache und Wirkung. Und bestätigt dich in deinem Glauben. Deshalb sind auch deine erlernten Glaubenssätze unbeschreiblich machtvoll. Und haben eine ganz immense Kraft und Wirkung aus sich selbst. Denn alles, was du wirklich glaubst, erfüllt sich auch.

Wenn du also negativ denkst, können nur negative Energien und Schwingungen mit dir in Resonanz gehen. Glaubst du aber an positive Dinge, ziehst du immer nur positive Dinge an. Da du nur positive Energie aussendest.

Wenn du glaubst, dass du was Bestimmtes niemals schaffst, wird sich genau das erfüllen. Und dann wunderst du dich darüber. Glaubst du aber stattdessen, dass du immer alles schaffst, was du wirklich schaffen willst, wird das auch funktionieren.

Deine Gedanken haben ein vollkommen anderes Energiefeld, als dein Herz. Und somit deine Gefühle und Emotionen.

Du selbst kannst jederzeit deine Energien und Schwingungen verändern. Ganz einfach, indem du nicht mehr auf deine Gedanken hörst, sondern aus tiefstem Herzen und aus tiefster Seele FÜHLST, was du in deinem Leben haben willst. Somit hast du IMMER dein Schicksal selbst in der Hand.

Stell dir vor, du stehst an einer Wegkreuzung. Und von dieser Wegkreuzung gehen mehrere Wege in ganz verschiedene Richtungen ab. Du drehst dich im Kreis, immer um dich selbst herum und weißt nicht, welchen Weg du einschlagen sollst. Hörst du jetzt auf deinen Verstand, der dir zuflüstert, wenn du den einen bestimmten Weg gehst, kommst du genau dahin, wo du ankommen willst. Du hast aber keine Garantie dafür, wenn du diese Entscheidung für dich triffst. Hörst du aber auf die Stimme deines Herzens und deiner Seele, vertraust deiner Intuition und deinem Instinkt, wirst du eine vollkommen andere Richtung einschlagen. Und du wirst genau da ankommen, wo es sich eindeutig passend und stimmig für dich anfühlt. Und zwar genau deshalb, weil dein Herz und dein Verstand gegeneinander arbeiten. Und nicht miteinander. Denn dein Verstand trickst dich aus. Er gaukelt dir Dinge vor, die nicht vorhanden sind. Wenn du auf deinen Verstand hörst, anstatt auf dein Herz und auf deine Intuition, gibst du dich lediglich Illusionen hin. Nicht der Wahrheit.

„Trennung" ist ebenfalls nur eine Illusion deiner Gedanken.

Wenn du negative Gedanken hast, fühlst du dich von allen anderen isoliert und getrennt. Und bist vom energetischen Lebensfluss abgeschnitten. Somit hältst du die Illusion der Trennung von anderen selbst aufrecht.

Du beeinflusst zu jeder Zeit selbst, was sich in deinem Leben manifestiert. Und zwar allein durch deine Gedanken. Oder durch dein Herz. Du selbst bist der Schöpfer deiner Welt.

Wenn du eine Absicht aussendest, ohne (gedankliche) Erwartung, dass etwas zurückkommt, bewegst du dich von der gefühlten Trennung hin zum Eins-Sein. Wenn du absichtslos handelst, bekommst du Positives und Erfüllung zurück. Erst dann, wenn du dein Herz und dein Fühlen gezielt auf die Dinge ausrichtest, die du wirklich in deinem Leben haben willst, können diese Dinge sich tatsächlich realisieren. Und Gestalt annehmen.

Wenn du NICHT das bekommst, was du dir aus tiefstem Herzen wünschst, könnte das ganz einfach daran liegen, dass deine „Leitung" blockiert ist.

Das kannst du dir so vorstellen, als wenn du einen wichtigen Telefonanruf erwartest. Der Anruf kann aber nicht zu dir durchdringen und dich wirklich erreichen, wenn du die ganze Zeit am Telefon hängst und dich auf ein anderes (unwichtiges) Gespräch konzentrierst. Du musst also „auflegen", die Leitung freimachen und dich auf das fokussieren, was du wirklich WILLST. Nämlich den wichtigen Anruf erhalten. Auch musst du dich in Reichweite des Telefons aufhalten, um den wichtigen Anruf überhaupt wahrzunehmen und zu hören. Ansonsten verpufft die wichtige Nachricht und löst sich in Luft auf. Was du natürlich NICHT willst, nehme ich an.

Wenn du also Fülle und somit Erfüllung in deinem Leben haben willst, darfst du dich auf die Fülle konzentrieren. Auf das, was du wirklich aus deinem tiefsten Herzen willst!

Wenn du Liebe und eine erfüllte Partnerschaft haben willst, solltest du aus tiefstem Herzen davon überzeugt sein, dass dieser Mensch tatsächlich in dein Leben tritt. Wenn du ehrlich daran GLAUBST und darauf VERTRAUST, dass du wahre Liebe tatsächlich verdient hast und mit dem passenden Menschen eine wirklich dauerhafte Bindung eingehen wirst, dann wird sich das auch in deinem Leben manifestieren. Und genau dieser Mensch wird dich finden! Das gilt auch für deinen Seelenpartner oder deine Dualseele.

Vertrau auf die Intelligenz deines Herzens! Und glaube grundsätzlich IMMER das, was du FÜHLST. Und was deine Intuition dir sagt.

Du kannst die Intelligenz deines Herzens sogar bewusst trainieren und steigern. Ein guter Anfang ist in jedem Fall immer, wenn du versuchst, alles mit Ruhe und Gelassenheit zu sehen. Und streiche das Wort „Mangel" aus deinem Leben. Ersetze es durch Fülle. Und du wirst die Belohnung sichtbar spüren.

Transformiere deine negativen Glaubenssätze! Schreib dir alle negativen Sätze auf, die du in den verschiedenen Bereichen deines Lebens findest. Beispielsweise:

- ♥ Ich habe keine Liebe verdient
- ♥ Ich werde niemals richtig glücklich sein
- ♥ Alles geht immer nur schief
- ♥ Dieser Mensch verlässt mich ja sowieso wieder, wenn ich mich auf ihn einlasse
- ♥ Ich muss dafür kämpfen, um wahrhaftig geliebt zu werden
- ♥ Nichts kann ich richtig machen
- ♥ Das schaffe ich niemals

Diese Liste lässt sich fast endlos fortsetzen. Wie viele negative Glaubenssätze findest du bei dir?

Transformiere alle Aussagen und wandel diese in klare und positive Sätze um.

Verinnerliche dann die positiven Aussagen und lösche die negativen aus deinen Gedanken und Gefühlen. Verwende deine Aufmerksamkeit auf die positiven Aussagen und vertraue auf die mächtige Kraft der Wirkung.

Auch so ziehst du Leichtigkeit in dein Leben!

8. Wie du Unerledigtes erledigst

Überfällt dich immer mal wieder die „Aufschieberitis"…? Und bist du dann – je länger du mit der Erledigung der unerledigten Dinge wartest, unzufrieden mit dir selbst? Oder wirst gar wütend? Gerade, wenn es unangenehme Dinge sind, die darauf warten erledigt zu werden?

Dagegen kannst du was tun. Handle! Und zwar ohne darüber nachzudenken.

Denn…je länger du über was nachdenkst, desto mehr Gründe fallen dir ein, es NICHT zu tun. Und so schiebst du unerledigte Dinge immer weiter auf. Dann kommen neue Dinge dazu und so häufen sich die unerledigten Dinge und werden immer mehr…und du kommst mit der Erledigung überhaupt nicht mehr nach…

Und was machst du dann…? Richtig…das Ende vom Lied ist, dass du resignierst und ganz aufgibst. Und somit gar nichts mehr erledigst. Weil du gar nicht mehr weißt, womit du überhaupt anfangen sollst.

Und genau diese „Aufschieberitis" kann dann in gravierenden seelischen Stress ausarten…

Fühlst du dich ertappt? Das macht nichts. Denn du kannst ja jederzeit Abhilfe schaffen. Außerdem leiden viele Menschen genau an derselben „mysteriösen Krankheit" ;)

Die Frage dabei ist nur: WARUM überfällt dich immer wieder die „Aufschieberitis"? WARUM schiebst du unangenehme Dinge immer wieder vor dir her?

Eigentlich müsste es doch so sein, dass du unangenehme Dinger ERST RECHT sofort erledigst. Denn dann bist du nicht mehr gezwungen, darüber nachzudenken. Weil es ja erledigt ist und somit aus dem Kopf und aus dem Sinn ist. Stattdessen schiebst du diese Dinge immer wieder vor dir her, schiebst sie von dir weg, willst nicht darüber nachdenken, willst dich nicht damit beschäftigen und auseinandersetzen. Und merkst dabei gar nicht, was für eine unbewusste seelische Belastung du dir damit aufhalst.

Stell dir nur mal folgendes vor:

Du hast ein Bild an der Wand hängen, dass dir eigentlich so gar nicht gefällt. Weil du aus irgendwelchen Gründen aus irgendeiner Laune heraus dieses Bild irgendwann mal gekauft hast. Dieses Bild suggeriert dir aber die ganze Zeit genau das Gegenteil von dem, was du eigentlich spüren willst, wenn dein Blick auf dieses Bild fällt. Wenn es dann noch an einem prägnanten Platz hängt, an dem du es tausendmal am Tag automatisch ansiehst, belastet dich das unbewusst enorm. Du merkst das nur im Alltag nicht. Beziehungsweise überfällt dich eventuell immer wieder ein fernes, diffuses und „gruseliges" Gefühl, wenn dein Blick mal wieder auf dieses ungeliebte Motiv fällt…

Und dann stell dir mal das hier vor:

Du tauschst dieses Bild gegen eines aus, dass genau die Stimmung in dir auslöst, die du spüren willst, wenn dein Blick immer wieder auf das Motiv fällt. Und es geht dir gut dabei. Du fühlst dich inspiriert und glücklich. Ein Lächeln bildet sich auf deinem Gesicht, wenn du dieses Bild ansiehst und die wundervollen Gefühle und Emotionen spürst, die das Motiv in dir auslöst.

Dein Unterbewusstsein denkt immer mit. Dein Unterbewusstsein merkt sehr genau, dass du in Wahrheit unzufrieden bist, mit den Assoziationen die dieses Bild in dir auslöst. Und dass deine Seele darunter leidet. Dein Unterbewusstsein speichert jegliche Gefühle und Emotionen. Und verbindet diese ganz automatisch mit bestimmten Situationen. Schlüsselerlebnisse können diese dann auch nach sehr langer Zeit wieder an die Oberfläche befördern. Soll heißen – je länger du damit wartest, dieses verhasste Bild an der Wand gegen eines auszutauschen, das dir wirklich gefällt, bleibt das eine unbewusste Belastung. Und bedeutet eigentlich nur eines für dich…unnötigen seelischen Stress. Dasselbe gilt auch für andere Dekorationsstücke in deinen Schränken und Regalen…

Genauso ist es aber auch mit anderen nicht erledigten Dingen. Das können Kleinigkeiten sein, von denen du vom Verstand her eigentlich denken könntest, dass das doch Kinkerlitzchen sind. Nein…dem ist tatsächlich NICHT so. Gerade bei hochsensiblen Menschen können die kleinsten Kleinigkeiten und Details zu einer untragbaren seelischen Belastung werden. Das winzigste nicht erledigte Detail kann so störend wirken, dass du keine innere Ruhe findest, ehe diese Winzigkeit nicht erledigt ist. Das kann ein braunes Blatt an einer Zimmerpflanze sein, dass du nur abzupflücken bräuchtest…ein Staubkorn auf dem Laminatboden. Oder ein Fingerabdruck auf einem Fensterglas. Eine quietschende Türe…ein Bild hängt nur Millimeter schief an der Wand…ein Dekorationsstück im Regal steht nur Zentimeter am „falschen" Platz. Ein neu gekauftes Buch, für das du nicht die Zeit findet, es zu lesen - und jedes Mal, wenn du es ansiehst, scheint es dir „Vorwürfe zu machen"…ein Brief der nicht geschrieben oder beantwortet wird. Ein nicht funktionierender Reißverschluss an einer Jacke oder an einer Hose. Fenster, die geputzt werden müssten…eine Schublade, die darauf wartet, repariert zu werden…und…und…und…

Du siehst schon, es gibt unzählige Dinge die erledigt werden könnten, wenn du dich nur dazu aufraffen würdest. Aber stattdessen scheinst du lieber darauf zu warten, dass Nachts die Heinzelmännchen auftauchen und diese Sachen für dich erledigen. Dann bräuchtest du dich nicht damit auseinandersetzen und selbst darum kümmern.

Die „Aufschieberitis" hat uns alle fest im Griff. Selbst Perfektionisten bleiben davor nicht verschont. Auch bei ihnen gibt es immer wieder Dinge, die nur darauf warten, endlich erledigt zu werden.

Dann gibt es noch die weitaus größeren und wichtigeren nicht erledigten Dinge.

Wie beispielsweise:

Einkäufe bestimmter Sachen, die du dringend bräuchtest und die du immer wieder vor dir her schiebst…der Keller, der entrümpelt und aussortiert werden müsste…Arzt-Termine, vor denen du dich „erfolgreich" drückst, so lange es nur irgendwie geht…Dinge, die du schon lange jemandem sagen möchtest, dich das aber einfach nicht traust…auch wenn es sich um wundervolle, und wunderschöne Dinge handelt…

Ängste, die du bewältigen möchtest, aber dich nicht damit auseinandersetzt…lieber stehst du dir selbst im Weg und leidest still vor dich hin. Obwohl du es eigentlich anders haben möchtest. Das nennt man dann die berühmte Selbstsabotage. Du nimmst dir selbst dein eigenes Glück. Und merkst dabei nicht, dass die Zeit unaufhörlich weiter rennt. Und du dabei immer älter wirst…

Immer wieder brauchst du dabei die Ausrede: „Na ja…es hat ja schließlich noch Zeit…noch geht es ja auch so…"

Wenn dabei allerdings Dinge im Spiel sind, die dein ganzes Leben verändern könnten und dafür sorgen würden, dass du endlich mal wirklich glücklich und zufrieden bist, sabotierst du dich oft umso mehr…

Du machst nicht die Karriere, die du eigentlich machen möchtest…du führst nicht das Leben, dass du eigentlich viel lieber führen würdest…du lässt dich nicht auf wirkliche Nähe zu dem Menschen ein, der dir doch eigentlich alles bedeutet – stattdessen hältst du ihn lieber auf Abstand…vielleicht lebst du auch nicht an dem Ort, an dem du viel lieber oder schon immer leben wolltest…du verzichtest auf Herzenswünsche, weil du einfach nicht den Mut oder die notwendige Kraft aufbringst, dir diese Träume, Wünsche oder Ziele zu erfüllen und zu verwirklichen…

Dabei könnte doch alles so einfach sein…

EIGENTLICH…! Wenn da nicht doch immer wieder die „Aufschieberitis" und der fehlende Mut und die Angst vor Erfolg den eigenen Weg kreuzen würden. Denn du könntest ja doch mal so richtig glücklich und zufrieden sein. Und das Leben…das Glück und die Liebe genießen. Ohne Sorgen, ohne seelische Verletzungen…ohne Enttäuschungen…ohne negative Gedanken…ohne belastende Gefühle und Emotionen…ohne ständigen Stress…wenn du dich nur trauen würdest, die unerledigten Dinge zu erledigen…

Eigentlich könntest du so richtig gelassen und entspannt sein. Aber dank der unerledigten Dinge geht genau das eben nicht. Du hinderst dich selber immer wieder sehr gekonnt genau daran. Und WARUM tun wir das? Weil wir alle unangenehme Dinge scheuen. Weil wir misstrauisch sind. Weil wir uns einreden, dass wir es nicht wert sind, glücklich sein zu dürfen.

Sind es dabei wirklich die unerledigten Dinge, die uns so sehr belasten…? Eigentlich nicht. Vielmehr sind es doch die eigenen Gefühle und Emotionen, die uns da einen Streich spielen. Die uns sehr gekonnt, immer wieder aufs neue sabotieren. Die dafür sorgen dass wir einfach nicht wir selber sind.

Sind dass nicht einfach nur falsche Verknüpfungen in unserem Verstand?

Schon. Denn wenn wir ganz einfach nach unserem Herzen und unserer Intuition leben würden, würden wir sehr wohl immer das richtige und passende für uns tun. Denn…das Herz – unsere innere Stimme – unsere Intuition, gibt uns IMMER die richtige und passende Antwort. Wenn wir nur darauf hören würden. Aber genau das fällt uns oft so verdammt schwer. Weil bei vielen Menschen sich immer wieder der Verstand einmischt. Und gegen das Herz…gegen die Intuition…gegen die innere Stimme handelt. Denn der Verstand zweifelt…er kritisiert… er erfindet Ausreden…er hinterfragt ständig…er sucht nach Gründen die dagegen sprechen…er redet uns Angst ein…

Und nicht zuletzt sind wir am Ende frustriert und unglücklich dabei. Vielleicht entwickeln wir sogar Schuldgefühle. Uns selber gegenüber oder auch anderen, die durch die nicht erledigten Dinge vielleicht mitbetroffen sind. Vieles macht auch einfach keinen Spaß. Oder wir erledigen diese Dinge aus Trotz nicht. Auch kann es tatsächlich sein, dass wir keinen Sinn darin sehen, gewisse Dinge zu erledigen. Dann schieben wir sie erst recht so lange es nur irgendwie möglich ist, vor uns her. Oder uns fehlt ganz einfach Anerkennung, für das was wir tun. Wir sehen uns nicht motiviert. Das gilt dann vor allem für die größeren und wichtigeren nicht erledigten Dinge. Aber auch für die zwar winzigen aber doch störenden Details.

Sehen wir uns doch mal die Dinge an, die wir alle GERNE tun. Wie ist das mit denen? Wie schnell und effektiv erledigen wir genau DIESE Dinge!

Weil sie uns SPASS machen! Weil wir Freude daran haben! Weil uns wirklich etwas daran liegt! Weil uns genau diese Dinge ganz furchtbar wichtig sind! Und je mehr Spaß und Freude wir an etwas haben, je mehr Erfolg wir dabei spüren, je glücklicher uns diese Dinge machen…desto schneller und lieber erledigen wir sie auch. Das Resultat dabei ist dann, dass wir stolz auf uns sind. Dass wir uns selbst loben. Dass wir glücklich sind. Und echte Zufriedenheit und innere Ruhe in uns spüren. Was wir dann wiederum nach außen ausstrahlen, und dass wiederum kommt dann wieder in Form irgendeines Erfolges zu uns zurück.

Also…ist es darum nicht umso wichtiger, die unerledigten Dinge zu erledigen? Um genau diese positiven Gefühle und Emotionen in dir zu spüren? Damit du dein Leben einfach genießen kannst? Ist es nicht darum umso wichtiger, deine Ängste und inneren Zweifel zu überwinden…? Darfst du dir das nicht selbst wert sein…? Wenn die „Aufschieberitis" allerdings chronisch wird, solltest du auf jeden Fall die Ursache, die dahintersteckt, aufdecken. Dafür gibt es viele Gründe. Beispielsweise kann bei hochsensiblen Menschen unter anderem der Grund sein, dass man zu den Multi-Talenten – den sogenannten „Scannern" – gehört. Und sich einfach nicht in der Lage sieht, die vielen unerledigten Dinge bzw. die vielen Dinge die einen interessieren, und die man tun möchte, zu kanalisieren, zu sortieren und zu bündeln. Bei chronischer „Aufschieberitis" sollte die Ursache dafür allerdings immer an der Wurzel gepackt werden, um sie zu beseitigen. Ansonsten gilt genau das, was ich am Anfang dieses Kapitels schon geschrieben habe:

Denk nicht lange darüber nach, was du noch zu erledigen hast, sondern HANDEL ganz einfach…

Und du wirst sehen, wie gut, gelassen und entspannt du dich danach fühlst. Also, pack dich selber am Schlafittchen und erledige deine unerledigten Dinge…

☼ Überwinde deinen inneren Schweinehund
☼ Denk nicht nach, sondern HANDEL einfach

Geh der essentiellen Frage nach, WARUM du nicht in der Lage bist, deine Dinge zu erledigen:

➢ Findest du es langweilig, das zu tun, was du tun sollst?
➢ Fehlt dir lediglich die Motivation?
➢ Hast du Angst, diese bestimmte Aufgabe zu erledigen?
➢ Fühlst du dich überfordert?
➢ Fehlt dir „angeblich" die Zeit dazu, deine Dinge zu erledigen?
➢ Wer oder was hält dich davon ab, deine Dinge zu erledigen?
➢ Bist du der Meinung, die Dinge regeln sich schon irgendwie von selbst?
➢ Hast du dich bereits an den Zustand gewöhnt, wie es ist und du scheust eine Veränderung?

Leg dir eine To-Do-Liste an und setz dir Prioritäten. Was ist dir am wichtigsten, was ist weniger wichtig. Und arbeite diese Liste dann Punkt für Punkt ab. Belohne dich in jedem Fall immer auch für (Teil-) Erfolge, wenn du etwas davon erledigt hast!

9. Wie du es schaffst, Leichtigkeit in dein persönliches Umfeld zu bringen

Mit welchen Menschen umgibst du dich normalerweise? Sind diese Menschen ebenfalls hochsensibel oder hochsensitiv?

Wissen diese Personen von deiner Hochsensibilität? Oder stößt du auf Unverständnis, da du dich überwiegend mit nicht sensiblen Personen umgibst?

Wie fühlst du dich in deinem eigenen Umfeld? Kannst und darfst du ganz du selbst sein oder bist du gezwungen, dich für andere zu verbiegen, um zu gefallen? Und um gemocht zu werden?

Es ist gerade für hochsensible Menschen ganz besonders wichtig, ein geklärtes Umfeld zu besitzen. Dich wirklich wohl zu fühlen, mit den Menschen, die dir sehr nahe stehen. Und dass die Personen, die sich in deinem unmittelbaren persönlichen Umfeld befinden, dir wirklich gut tun. Es macht absolut keinen Sinn, dich für andere permanent zu verbiegen. Und dich zu verstellen.

Sortiere gnadenlos die Menschen in deinem persönlichen Umfeld aus, die dir nachweislich konstant NICHT gut tun! Die dir im Gegenteil nur schaden. Emotional, seelisch, geistig und natürlich auch körperlich.

Umgib dich NICHT mit Menschen, mit denen du dich unwohl fühlst. Die in dir innerlich insgeheim ein Unwohlsein hervorrufen. Und mit denen du eigentlich gar keinen Kontakt haben willst.

Agiere nicht aus Mitleid oder aus Mitgefühl heraus. Denn das tun die anderen auch nicht! Achte bewusst auf DICH selbst. Und auf DEIN eigenes Wohlbefinden.

Du bist **nicht** gezwungen, dir aus Gutmütigkeit heraus Dinge gefallen zu lassen, die dich ärgern oder die dich traurig machen.

Du bist **nicht** gezwungen dich mit Personen abzugeben, die dir nachweislich nicht gut tun!

- ☼ Setz deinen freien Willen ein!
- ☼ Setz ganz klare und deutliche Grenzen!
- ☼ Triff deine eigenen Entscheidungen!
- ☼ Lass dich nicht von anderen beeinflussen, bei dem, was du tust!
- ☼ Achte auf dein eigenes Wohlbefinden!
- ☼ Umgib dich gezielt mit Personen, die dir gut tun und mit denen du dich wohl fühlst! Die dich in deinem authentischen Sein unterstützen und fördern
- ☼ Mach dich in jedem Fall emotional unabhängig von den Meinungen, Bewertungen, Urteilen und Bevormundungen anderer
- ☼ Mach IMMER ganz klare Ansagen. Kommuniziere sehr klar und deutlich was du willst und vor allem auch, was du NICHT willst!

Ganz wichtig – du bist NICHT verantwortlich dafür, anderen Menschen deren Erwartungen zu erfüllen, wenn du ganz genau weißt, dass du das NICHT kannst!

Rede dir dafür KEINE Schuldgefühle und KEIN schlechtes Gewissen ein! Und lass dir das von außen auch keinesfalls einreden!

Es funktioniert NICHT, dass du es jemals allen um dich herum - und gleichzeitig DIR selbst - recht machen kannst! Irgendjemand wird dabei immer auf der Strecke bleiben. Und meist bist das dann du selbst.

10. Wie du dir deine ganz persönlichen Kraftquellen und Energiesäulen schaffst

Hast du einen Lieblingsplatz? Oder einen Lieblingsort? An den du immer wieder gerne gehst und an dem du dich super wohl fühlst? Und liefert dieser Lieblingsplatz oder Lieblingsort dir Ruhe, Entspannung und neue Energie und Kraft für deinen Alltag?

Falls du noch keinen solchen Platz hast, der dir wirklich Ruhe, Entspannung und frische und neue Energie und Kraft liefert, dann suche dir bitte unbedingt einen solchen Platz oder einen solchen Ort.

Eine ganz persönliche Kraftquelle zu haben, ist immens bereichernd für das eigene Leben.

Eine Kraftquelle kann übrigens auch dein Lieblingsmensch sein! Mit dem du dich einfach nur wohl fühlst. Mit dem du Spaß haben und lachen kannst. Der dein Leben bereichert, erfüllt und inspiriert. Hast du einen solchen Lieblingsmenschen? Das kann dein Partner oder deine Partnerin sein, aber auch dein bester Freund oder eine beste Freundin, die eigene Großmutter oder sonst irgendjemand, den du sehr magst oder liebst.

Wenn du keinen solchen Lieblingsmenschen hast, ist das nicht schlimm. Es gibt genügend andere Kraftquellen und Energiesäulen für dich.

Ein Tier kann ebenfalls deine persönliche Kraftquelle sein. Vielleicht ist das dein Hund, deine Katze oder du besitzt sogar ein Pferd? Wenn du ganz deutlich spürst, dass dieses Tier dir Kraft gibt, wenn du mit ihm zusammen bist und du dich super wohl damit fühlst, dann ist das eine Kraftquelle für dich.

Eine Energiesäule ist eine Tätigkeit, die dich entspannt und dir gleichzeitig neue Energie liefert.

Das kann sowohl eine geistige, körperliche oder auch eine kreative Tätigkeit sein. Du persönlich bestimmst deine Energiesäule für dich. Denn nur du selbst weißt, welche Tätigkeit dir neue und frische Energie liefert. Lass dir von niemandem irgendwas anderes einreden!

Beispiele für deine ganz persönliche Kraftquelle:

- ☼ Das Meer (dein Lieblingsstrand)
- ☼ Der Wald
- ☼ Ein gemütliches Plätzchen in deinem Garten
- ☼ Ein lauschiges Plätzchen an einem Fluss
- ☼ Deine Kuschelcouch
- ☼ Dein Balkon
- ☼ Eine Blumenwiese
- ☼ Die Berge

Beispiele für deine ganz persönliche Energiesäule:

- ☼ Waldspaziergang
- ☼ Fahrrad fahren
- ☼ Lesen
- ☼ Malen
- ☼ Schreiben
- ☼ Musizieren
- ☼ Stille Meditation
- ☼ Yoga
- ☼ Fotografieren
- ☼ Sonnenlicht-Meditation

Wenn du bewusst neue Energie tankst, an einem großen Fluss, wie dem Rhein oder der Donau oder am Meer ist das höchst effektiv. Du fühlst die Kraft des fließenden Wassers sehr intensiv, wenn du dich darauf einlässt. Auch das Meer gibt dir mit seiner Kraft frische Energie - ein stiller See vermag das nicht. An einem still daliegenden See findest du dagegen pure Entspannung.

Wie findest du nun eine solche persönliche Kraftquelle und Energiesäule? Stell dir selbst dabei folgende Fragen:

- ☼ WO (an welchem Ort) fühle ich mich wirklich wohl?
- ☼ WO befinde ich mich oft?
- ☼ WO gehe ich immer wieder automatisch hin?
- ☼ WOHIN ziehe ich mich zurück, wenn ich mich irgendwie schlecht fühle?
- ☼ Und WAS gibt mir dieser Ort, dieser Mensch oder dieses Tier dann genau?
- ☼ WAS tue ich für mich, wenn es mir mal nicht so gut geht und WODURCH fühle ich mich dann besser?
- ☼ Ist DAS vielleicht schon meine ganz persönliche Kraftquelle oder Energiesäule?
- ☼ MIT WEM fühle ich mich wirklich wohl?
- ☼ MIT WAS (durch welche Tätigkeit) fühle ich mich wirklich wohl?

Manchmal erkennst und siehst du nicht sofort dass du eigentlich schon intuitiv deine ganz persönliche Kraftquelle oder Energiesäule in dein Leben integriert hast, um dir Ruhe und Entspannung zu suchen und neue Kraft und frische Energie zu holen. Es können Kleinigkeiten sein, die dich unglaublich entspannen und dir neue Kraft und Energie liefern um dem alltäglichen Stress entgegenzuwirken.

Bist du schon mal durch den Wald geschlendert und hast ganz bewusst auf das Rauschen des Windes in den Wipfeln der Bäume hoch über dir geachtet? Bist stehen geblieben, hast deinen Blick langsam schweifen lassen und hast die Atmosphäre bewusst auf dich wirken lassen? Hast du dich auf eine eventuell dastehende Bank gesetzt, dich entspannt und einfach nur dieses wundervolle Gefühl genossen, das die Natur in dir ausgelöst hat? Das kann unglaublich beruhigend für angespannte Nerven sein. Probier es einfach mal aus. Denn ein bewusstes Wahrnehmen der anwesenden Energie des Waldes ist was ganz anderes, als einfach nur durch den Wald zu laufen, um der Bewegung willen.

11. Wie gezieltes Entspannen dir zu Gelassenheit verhilft

Es ist enorm wichtig, dass du dir regelmäßig ganz bewusst Ruhe suchst und dich wirklich entspannst. Nur so kannst du wieder auftanken und die alltägliche und permanente Reizüberflutung kompensieren. Umso mehr, wenn du zu den hochsensiblen Personen gehörst.

Hast du schon mal bewusst in der Natur meditiert? Am Strand direkt am Wasser, im Wald oder inmitten einer grünen Wiese? Oder auch auf dem eigenen Balkon, der eigenen Terrasse, während es draußen regnet oder stürmt? Das permanente Geräusch der heranrollenden Wellen, den weiten Himmel über dir, die Geräusche des Waldes, des Windes oder des Regens dabei bewusst wahrgenommen...?

Dieses Gefühl ist unbeschreiblich und einmalig! Nicht zu vergleichen mit dem stillen meditieren in den eigenen vier Wänden zu Hause.

Kennst du die stille Meditation überhaupt? Hast du sie mal ausprobiert? Nein? Dann tu es einfach! Es lohnt sich. Glaub mir :)

- Meditation und Selbsthypnosen

Wie du vielleicht weißt, gibt es verschiedene Arten zu meditieren. Da sind zum einen die geführten Meditationen, die zu einer tiefen inneren Entspannung verhelfen sollen. Oft ist es aber so, dass die Stimmen, die diese Meditationen sprechen, sich – gerade für hochsensible Menschen zu beachten (!) – unangenehm anhören und anfühlen. Wenn das auf dich zutrifft, solltest du nach einer angenehmen Stimme suchen, die du auch ertragen kannst. Und bei der du dich gut entspannen kannst. Genauso solltest du darauf achten, ob du dich mit einer männlichen oder weiblichen Stimme wohler fühlst, die diese Meditationen spricht.

Ob das meditieren an sich und welche Art des Meditierens die richtige für dich persönlich ist, musst du ganz alleine für dich entscheiden. Nur sag nicht von vornherein – ohne dass du es ausprobiert hast – dass diese Entspannungsmethode nicht das passende für dich ist. Denn das kannst du wirklich nur feststellen, indem du es entweder ausprobiert hast oder dir zumindest vor deinem inneren Auge sehr intensiv vorgestellt hast, wie du diese Meditationen durchführst. Wenn du dich dann UNWOHL dabei FÜHLST und eindeutig sagen kannst, dass das NICHT das richtige und passende für dich ist, ist das vollkommen in Ordnung.

Wenn du allerdings eindeutig von dir sagst, dass geführte Meditationen und Selbsthypnosen dir super gut dabei helfen, dich tief zu entspannen, dann solltest du das in jedem Fall so oft wie möglich durchführen. Am besten jeden Tag zwischen 20 – 30 Minuten. Das reicht aus, damit du dich so richtig tief entspannen kannst. Allerdings besteht bei einer geführten Meditation die Gefahr, dass du dich so ständig im außen befindest und dich abhängig von der Stimme im außen machst. Dich daran gewöhnst, dich nur so wirklich entspannen zu können. Bei einer stillen Meditation dagegen bist du nach innen gerichtet. Bist ganz bei dir selbst. Und lauschst in dich selber hinein. Bist vollkommen frei.

Vielleicht hast du jetzt gar den Einwand, dass du diese Zeit nicht jeden Tag aufbringen kannst. Oder es gar nicht willst. Dann frage ich dich: „Wie viel Zeit ist dir dein ganz persönliches Wohlbefinden wert?!"

Das Meditieren im Stillen

Zuallererst solltest du deinen Lieblingsplatz aufsuchen bzw. wenn du das aus irgendwelchen Gründen gerade nicht kannst, suchst du dir einen ruhigen und angenehmen Platz zu Hause. Achte unbedingt darauf dass du dich wohl fühlst. Auch solltest du darauf achten, in dieser Zeit von nichts und niemandem gestört zu werden. Es sei denn, du meditierst schon länger und kannst störende Geräusche oder auch andere Menschen ausblenden. Was du gegebenenfalls auch musst, wenn du draußen in der Natur meditierst. Als Anfänger(in) des Meditierens im Stillen ist es wichtig, dass du dich auf keinen Fall selber unter Druck setzt. Nun setzt du dich bequem im Schneidersitz entweder auf den Boden oder auf ein dünnes Kissen oder auch auf die Couch. Den Lotus-Sitz schaffst du nur, wenn du sehr gelenkig bist. Deine Hände legst du mit den Handflächen nach oben locker auf deine Oberschenkel. Schließe deine Augen. Konzentriere dich auf deinen Atem. Achte bewusst darauf, wie du regelmäßig und langsam ein- und ausatmest.

Lass deine Gedanken fließen. Wie Wolken am Himmel oder Wellen im Meer, die vor deinem inneren Auge vorbeiziehen. Halt deine Gedanken und inneren Bilder NICHT fest. Beobachte deine Gedanken lediglich. Und bewerte sie nicht. Reagiere nicht darauf. Es ist vollkommen egal welche Gedanken jetzt gerade durch deinen Kopf gehen. Es gibt in diesem Moment keine guten oder schlechten, richtigen oder falschen, passenden oder unpassenden Gedanken. Lass sie einfach nur ziehen und beobachte sie.

Wenn du es nicht schaffst, deine Gedanken einfach nur fließen und vorbeiziehen zu lassen, macht das gar nichts! Es ist nicht schlimm. Mach dir jetzt darüber NULL Gedanken. Denn das wäre nur wieder eine zusätzliche Sorge, die du gerade überhaupt nicht brauchen kannst. Wenn du automatisch an bestimmte Dinge denken (musst), lass es zu. Versuch trotzdem, dich auf deinen Atem zu konzentrieren.

Wichtiger ist es erst mal, dass du es schaffst, deine Muskeln zu entspannen. Lass locker. Lass deine Muskelspannung los. In den Händen, den Armen, den Beinen, den Schultern, dem Nacken. Das kann am Anfang schwierig sein, aber daran gewöhnst du dich. Das lernst du mit der Zeit. Atme dabei ganz bewusst immer langsam ein und aus. Es kann sein, dass dir langweilig wird. Versuche, das auszuhalten. Du DARFST dich entspannen und mal für kurze Zeit NICHTS anderes tun.

Du musst auch am Anfang nicht 20 oder gar 30 Minuten durchhalten. Es reichen 5 bis maximal 10 Minuten. Wenn du das schaffst. Mit der Zeit kannst du dann verlängern, auf bis zu 30 Minuten. Das kann aber Wochen und Monate dauern. Das ist wirklich ein reiner Übungsprozess. Mach es am besten rein intuitiv.

Und was genau bewirkt nun die Meditation im Stillen?

- ☼ Sie ist die Konzentration auf das eigene Selbst, die innere Mitte
- ☼ Sie verändert dass eigene Bewusstsein und die Selbstwahrnehmung
- ☼ Sie soll dich vom Lärm deiner Gedanken befreien
- ☼ Du lernst dadurch auch, Objektives von Subjektivem zu unterscheiden
- ☼ Du kannst deine Emotionen besser kontrollieren
- ☼ Du lernst, deine Gedanken, innere Bilder und Gefühle einfach nur zu beobachten. Ohne sie zu bewerten. Und ohne aktiv einzugreifen.
- ☼ Du lernst die reine Aufmerksamkeit und Achtsamkeit dir selbst gegenüber

Meditation kann heilend wirken

- ☼ Sie baut Stress ab
- ☼ Sie lindert nachweislich Schmerzen
- ☼ Sie hilft bei Depressionen
- ☼ Sie ist sehr hilfreich gegen Ängste und Angsterkrankungen
- ☼ Sie wirkt entzündungshemmend
- ☼ Sie hilft gegen Schlafstörungen
- ☼ Sie wirkt der Reizüberflutung bei Hochsensibilität entgegen

Selbsthypnose

Auch die geführte Selbsthypnose bringt dich in die absolute Tiefenentspannung. Sie ist noch ein bisschen effektiver als die normale Meditation, da sie dich in einen echten Trancezustand führen kann. Allerdings solltest du dann schon in der Lage sein, dich wirklich darauf einzulassen. Denn es geht hier um das gezielte innere loslassen. Die geführte Selbsthypnose ist aber definitiv äußerst wirksam gegen den alltäglichen Stress. Und auch in Ausnahme-Stress-Situationen ideal zur Tiefenentspannung.

Phantasiereisen

Sie sind dazu geeignet um Stress abzubauen, chronische Erschöpfung zu minimieren, innere Kraftressourcen zu mobilisieren und dich bei einem Burnout gezielt zu entspannen. Durch die Suggestionen und kraftvoll inneren Bilder die dir dabei vermittelt werden, gelangst du zu innerer Ausgeglichenheit, Entspannung, und du fühlst dich deutlich wohler in deiner Haut. DU bist für kurze Zeit – 5 bis 30 Minuten – die Hauptperson dieser Geschichten. Auch mit dieser Methode kannst du innere Kraftquellen in dir entdecken. Allerdings besteht auch hier wieder die Gefahr einer Abhängigkeit im außen.

Imagination

Hier vermittelst du dir selbst mittels Schlüsselwörtern ganz bewusst innere kraftvolle Bilder. Durch intensive Vorstellungskraft und Phantasie kannst du dich gezielt in einen inneren positiven, ruhigen und entspannten Seins-Zustand versetzen. Willst du es vielleicht gleich mal versuchen? Setze oder lege dich irgendwo an einen gerade passenden Platz und schließe deine Augen. Mach es dir richtig gemütlich. Ich gebe dir ein paar Schlüsselwörter vor…

- ☼ Himmel und Meer
- ☼ Wohlfühlen im Sonnenlicht
- ☼ Alleinstehender Baum mit Wurzeln
- ☼ Waldspaziergang
- ☼ Du fliegst als Vogel hoch oben über die Erde
- ☼ Lagerfeuer am Strand
- ☼ Über den Wolken
- ☼ Ein galoppierendes Pferd am Sandstrand
- ☼ Eine Blume auf einer Wiese
- ☼ Sternenhimmel
- ☼ Nachts bei Vollmond

Na…hast du es geschafft? Wenn nicht, ist das nicht schlimm. Es gibt Menschen, die können ganz wunderbar in Bildern denken. Vor allem hochsensible Menschen sind dafür prädestiniert. Wenn DU das jetzt gerade aber nicht hinbekommen hast, macht das gar nichts. Es gibt wirklich Menschen, die eben nicht in Bildern denken können. Dafür hast DU dann eben ein anderes Talent oder eine andere Fähigkeit. Da bin ich mir ganz sicher. Stimmt`s?

Entspannungsmusik

Und für die ganz „faulen" Leserinnen und Leser, die sich einfach nur irgendwo hinlegen oder hinsetzen wollen um sich von ihrem Stress zu erholen, dient ganz einfach instrumentale Entspannungsmusik. Da aber die Geschmäcker hier sehr individuell, unterschiedlich und vielfältig sind, überlasse ich die Wahl deiner Lieblings-Entspannungsmusik am Besten dir. Nur ein kleiner Tipp am Rande: Melodiöse Pianomusik ist zur Entspannung SEHR geeignet. Auch Musik kann heilend wirken.

Genieße die Stille

Such dir einen Platz an dem du wirklich Ruhe und Stille findest. Vielleicht an deinem Lieblingsplatz in der Natur. Achte darauf, dass du bewusst entspannst. Atme dich gegebenenfalls in die Entspannung. Entkrampfe deine Muskeln. Du kannst deine Augen schließen und einfach nur auf die Stille hören. Oder du beobachtest ganz bewusst deine Umgebung. Was siehst du? Welche Kleinigkeiten und winzigen Details fallen dir auf? Welche Geräusche der Natur nimmst du wahr? Spürst du den Wind auf deiner Haut, die wärmende Sonne in deinem Gesicht?

Schärfe die Wahrnehmung all deiner Sinne und genieße die Stille. Du wirst sehen, wie angenehm und wohltuend das für deinen Körper, deinen Geist und deine Seele ist.

Halte die Stille in jedem Fall eine Weile bewusst aus und beobachte dich selber dabei, was durch die Stille in dir passiert. Was diese Stille mit dir macht. Was sich in dir dadurch verändert.

Geh spazieren

Ein Spaziergang entspannt und weckt deine Lebensgeister. Bestimmt hast du deine Lieblingsumgebung oder bestimmte Gegenden, wo du gerne läufst. Wenn spazieren gehen bisher überhaupt nicht dein Ding war, probiere es zumindest aus. Laufen ist gesund. Aber das brauche ich dir nicht erklären. Ob du dabei gemütlich vor dich hin schlenderst oder ob du lieber in strammen Schritten vorwärts stürmst, ist ganz dir überlassen. Auch ist das Sache deiner individuellen Persönlichkeit. Jeder sollte in der Geschwindigkeit spazieren gehen, in der er sich wohl fühlt. Lass dich nicht zwingen, schneller zu laufen, als du es sonst von dir gewohnt bist. Ein Spaziergang im Wald wirkt dabei noch intensiver, als wenn du beispielsweise „nur" durch die Stadt läufst.

12. Wie richtiges Atmen dir innere Ruhe schenkt

Da wir gerade so schön beim Thema der bewussten Entspannung sind, bleiben wir doch gleich bei etwas, dass für uns alle existenziell und lebensnotwendig ist. Das Atmen.

Und vor allem: das richtige Atmen!

Es ist nämlich tatsächlich so, dass viele Menschen einfach auf die falsche Weise atmen. Jetzt wunderst du dich sicherlich. Ja – das gibt es wirklich! Wenn du nämlich auf die falsche Weise atmest, verspannt sich der gesamte Körper und es bilden sich nachweislich Beschwerden, die auf das verkehrte Atmen hinweisen.

Richtiges Atmen löst Ängste, hilft bei Depressionen und Schlafstörungen und baut Stress ab! Auch Schmerzen können dadurch gelindert werden.

Wir atmen ein. Wir atmen aus. Jede Sekunde, jede Minute, jede Stunde und jeden Tag. Kontinuierlich immer weiter. Ohne uns Gedanken darüber zu machen. Weil das Atmen für uns selbstverständlich ist. Der Atem passt sich immer unseren Aktivitäten an, die wir gerade ausüben. Sitzen oder liegen wir nur still da, ist unser Atem langsam und tief. Je mehr wir uns anstrengen, desto schneller und flacher wird unser Atem. Weil unser Körper mit Sauerstoff versorgt werden muss. Je mehr wir uns bewegen, desto mehr Sauerstoff ist notwendig.

Wenn wir auf die richtige Art und Weise atmen, fließt der Atem ganz natürlich und ohne Anstrengung durch unseren Körper.

Wenn wir ständig nur oberflächlich atmen, und unser Atem nicht in unseren Bauch und unser Becken kommt, verspannen und verkrampfen wir uns. Und es zeigt sich auf Dauer Erschöpfung. Die Kraft und Energie fehlt uns, um die Leistungen zu bringen, die wir eigentlich bringen könnten und auch sollten. Oder in bestimmten Bereichen sogar müssten.

Wenn wir auf die richtige Weise atmen, kommen unsere Seele und unser Körper zur Ruhe.

♥ Atemübungen ♥

Stell dich entspannt und mit beiden Beinen fest auf den Boden. Das kann auch irgendwo draußen in der Natur im Wald, auf einer Wiese, in den Bergen, an einem Fluss oder an einem See, oder am Strand am Meer sein. Deine Füße stehen hüftbreit auseinander und deine Arme hängen ganz locker an beiden Seiten deines Körpers herunter. Deine Hände sind ebenfalls ganz locker und entspannt...

Achte unbedingt darauf, dass du durch die Nase atmest! Denn bei der Mundatmung geht die Luft einen ganz anderen Weg durch den Körper. Und es werden andere Nerven stimuliert.

1. Fühle in deinen Körper hinein. Ob du irgendwo eine Muskelverkrampfung feststellst. Dann versuche gezielt, diese Verkrampfung bewusst zu lockern. Beispielsweise die Hände oder die Schultern. Oder auch die Oberschenkel. Atme dabei bewusst in den Bauch. Langsam und mit tiefen Atemzügen. Jetzt stell dir vor, du bist ein Baum. Dessen Wurzeln ganz tief und fest mit der Erde verbunden sind. Spüre ganz bewusst, wie du den Stress, der in dir ist, mit jedem Atemzug vom Scheitel bis zur Sohle durch die Wurzeln (deine Füße) hinein in die Erde atmest. Raus aus deinem Körper, raus aus deinem Geist, raus aus deiner Seele. Hinein in die Erde. Weg von dir.

2. Stell dir ganz bewusst vor, wie glasklares Wasser ganz langsam durch deinen Körper fließt. Durch jede Pore und durch jede Ader. Vom Scheitel bis zur Sohle. Und so dieses glasklare angenehm warme Wasser jegliches Stressgefühl, jegliche Ängste, jegliche Zweifel oder Bedenken aus dir heraus spült. Wieder durch deine Füße hinein in die Erde. Heraus aus dir. Was bleibt, ist ein frisches, angenehmes Gefühl von tiefer Ruhe und purer Entspannung.

3. Du stehst wieder ganz entspannt und locker, mit hängenden Armen fest mit beiden Beinen auf dem Boden. Jetzt achtest du ganz bewusst auf deinen Atem. Atme langsam ganz tief ein und aus. Achte dabei darauf, dass du in den Bauch atmest. Beobachte deinen Atem einfach nur. Lass ihn bewusst durch deinen ganzen Körper fließen. Und lass deine aufkommenden Gedanken einfach ziehen. Halte sie nicht fest. Fühlst du dich wohl? Gut. Dann bist du auf dem richtigen Weg. Mach einfach weiter mit dem bewussten Atmen.

4. Welche Einstellung besitzt du dem atmen gegenüber? Siehst du das atmen als einen rein automatischen Vorgang oder als lebensspendend und deine Gesundheit erhaltend? Ändere gegebenenfalls deine innere Einstellung. Achte bewusst auf die Luft, die du einatmest. Und dann stell dir vor, wie du deinen ganzen Stress und all deine Ängste mit der verbrauchten Luft ausatmest. Alles belastende quasi von dir weg atmest. Spürst du die frische Luft, die du ganz bewusst einatmest? Und die verbrauchte Luft wieder ausatmest?

5. Spann ganz bewusst alle deine Muskeln an. Halt diese Spannung für ein paar Sekunden. Dann entspannst du dich ganz bewusst wieder. Wiederhole das ganze mehrmals. Spürst du die wohltuende Wirkung?

6. Lege dich flach auf den Boden. Auf eine Decke, den Teppich oder eine Matte. Unter deinen Kopf kannst du ein dünnes Kissen legen. Du kannst dich auch mit einer leichten Decke zudecken, damit du nicht frierst. Dann streckst du alle Viere von dir. So dass du dich in deiner Körperhaltung wohl fühlst. Du kannst deine Arme eng an deinen Körper anlegen oder auch richtig nach beiden Seiten ausstrecken. Die Handflächen können nach oben oder unten zeigen. Ganz wie du dich damit wohl fühlst. Dann entspannst du dich ganz bewusst. Deine Beine, deine Arme, deine Hände, dein Becken, deine Füße, deine Finger…usw…

Dein Atem geht dabei tief und ruhig und fließt langsam durch deinen ganzen Körper. Spürst du, wie dein Atem ganz natürlich fließt? Beobachte deinen Atem nur. Kontrolliere ihn dabei nicht.

Drei sehr effektive Entspannungstricks

Zungenentspannung

Hast du schon mal daran gedacht, deine Zunge zu entspannen? Ja, du liest richtig. Du glaubst nicht, wie wirksam eine bewusste Entspannung deiner Zunge ist? Dann probiere es doch gleich mal aus.

Unsere Zunge ist meistens in Bewegung. Bei allem, was wir tun. Sogar beim Denken, bzw. wenn wir in Gedanken mit jemandem sprechen, bewegt sich unsere Zunge mit.

Achte ganz bewusst darauf, deine Zunge zu entspannen. Sie liegt dabei locker auf dem Zungengrund auf. Je mehr du darauf achtest und je länger du dich auf die Entspannung deiner Zunge konzentrierst, desto ruhiger werden deine Gedanken. Spürst du es schon?

Also denk daran, wenn das nächste Mal Gedanken ununterbrochen um irgendwas kreisen. Entspanne ganz bewusst deine Zunge!

Entspanne deinen Kiefer

Ist dir schon mal aufgefallen, dass sich bei Stress dein Kiefer ganz automatisch zusammenpresst und verkrampft? Achte mal ganz bewusst darauf. Vielleicht knirschst du auch unbewusst mit den Zähnen. Wenn dein Kiefer chronisch verkrampft ist, kann sich das auswirken in vielen Beschwerden. Oft hast du Symptome oder Beschwerden und weißt nicht, dass das von deinem chronisch verkrampften Kiefer kommt! Wenn du das nächste Mal in eine Situation kommst, die dich irgendwie nervt oder stresst, sei es an der Supermarktkasse oder auch ein Mensch, der dir sehr nahe steht und der deine Nerven strapaziert:

Entspanne bewusst deinen Kiefer! Lass locker. Öffne dabei, so weit es dir möglich ist, deinen Mund. Und bewege ein paar Mal bewusst deinen Kiefer. Versuche, so weit wie möglich den Mund zu öffnen. Und lass ihn für bis zu zwei Minuten geöffnet. Die Spannung muss raus aus dem Kiefer. Denn durch die chronische Verkrampfung ist dein Kiefer komplett überspannt. Zudem kann es sein, dass deine Kiefergelenke dermaßen angespannt und verkrampft sind, dass du den Mund nicht mehr weit auf bekommst. Probier das mal aus. Du wirst sofort die wohltuende Wirkung spüren.

Lass deine Hände locker

Bei Stress verkrampfen wir oft automatisch unsere Hände und Finger. Wir ballen unsere Hände zu Fäusten. Und diese Verkrampfung zieht dann durch die Arme bis hinauf in die Schultern und in den Nacken.

Versuche deshalb in Stresssituationen ganz bewusst, deine Hände und Finger locker zu lassen und zu entspannen. Sie zu entkrampfen. Das hilft ebenfalls zu einem Gefühl der Entspannung. Bleibe entspannt! Und wenn du merkst, dass in deinem Leben in irgendeiner Form Angst oder Stress aufkommt, achte bewusst darauf, langsam tief ein und aus zu atmen. Ich verspreche dir, dass das hilft.

13. Wie du Leichtigkeit in deine Gefühlswelt bringst

WIE fühlst du dich aktuell? Bist du allgemein:

Wütend, enttäuscht, traurig, glücklich, verzagt, niedergedrückt, gestresst, genervt, gelassen, entspannt, kraftlos, erschöpft, voller Energie, einsam, alleine, unglücklich, krank, gesund, lebenslustig, ausgelaugt, ausgehungert nach positiven Gefühlen, liebesbedürftig...

Unterdrückte und somit nicht ausgelebte Gefühle können sehr dazu beitragen, dass sich alles in deinem Leben irgendwie hinzieht wie Kaugummi. Nichts funktioniert so wirklich, wie es im Normalfall sein sollte. Du bewegst dich im Kreis oder befindest dich schlimmstenfalls im Stillstand. Alles stagniert und du kommst nicht vom Fleck...

Dein Leben kann sich so nicht im Fluss befinden.

Es zieht nur irgendwie an dir vorbei und du hast das starke Gefühl, nicht mehr mithalten zu können. Denn du spürst ja deine inneren Blockaden. Obwohl du nicht weißt, warum du blockiert bist und wie du deine Blockaden effektiv und dauerhaft lösen kannst.

Kläre deshalb deine Gefühle!

Denn - verdrängte und unterdrückte Gefühle, die du nicht beachtest und aus deinem Leben verbannt hast, sind ebenfalls ein versteckter und ganz enormer Stressfaktor.

Nimm dir die Zeit und spüre in aller Ruhe in dich hinein. Erspüre Gefühle, die du (vielleicht seit langer Zeit schon) verdrängt oder auf die Seite geschoben hast. Die du einfach aus irgendwelchen Gründen nicht spüren willst. Weil es dir vielleicht weh tut und dich zu sehr schmerzt, dieses Gefühl zu spüren und auszuhalten. Oder weil die Erinnerungen – positiv oder negativ - die mit diesem Gefühl verbunden sind, einfach zu sehr schmerzen. Und du diese Erinnerungen ebenfalls aus deinem Bewusstsein verbannt hast.

Oder du hast ganz einfach eine immense Angst davor, dieses Gefühl zuzulassen, anzunehmen und auszuleben, weil du nicht wieder verletzt werden willst?

- ☼ Was fühlst du wirklich in deiner Tiefe?
- ☼ WELCHES Gefühl oder welche Emotion kommt in dir hoch?
- ☼ WELCHES Gefühl vermisst du in deinem Leben?
- ☼ WIE fühlt dieses Gefühl sich an?
- ☼ Fühlst du dich WOHL mit diesem Gefühl?
- ☼ Wenn nein – warum nicht? Was müsstest oder könntest du ändern, damit du dich mit diesem Gefühl wohl fühlst?
- ☼ WAS verbindest du mit diesem Gefühl?
- ☼ Was macht dieses Gefühl mit dir?

Wenn du dieses Gefühl nicht mehr in deinem Leben brauchst: Akzeptiere es und lass es dann los.

♥ <u>Die Schatzkiste deiner Gefühle</u> ♥

Stell dir vor, du besitzt eine Schatztruhe. In dieser Schatztruhe befinden sich all deine Gefühle. Wo bewahrst du diese Schatztruhe auf? Wie sieht diese Schatztruhe aus? Aus welchem Material besteht sie? Welche Farbe hat sie?

Die Farbe hat dabei eine wichtige Bedeutung. Auch jedes deiner Gefühle kann dabei seine eigene Farbe besitzen...

- ♥ Blau steht für (emotionale) Freiheit, grenzenlose Weite, Vertrauen, Sicherheit, Geborgenheit, Treue, Zuverlässigkeit, Seriosität, Harmonie, Zuversicht...
- ♥ Rot = Energie → ist die Liebe, Begehren, Sehnsucht – aber auch Wut und Aggressivität
- ♥ Grün steht für die Hoffnung oder auch Naturverbundenheit
- ♥ Lila steht für Glaube und Spiritualität
- ♥ Schwarz steht für Traurigkeit, Schmerz, Angst, Zweifel, Unsicherheit, Blockaden

- ♥ Weiß bedeutet Reinheit und Unschuld aber auch Neutralität
- ♥ Gold und Silber weist auf Einzigartigkeit, Kostbarkeit und Wertvolles hin
- ♥ Bunt bedeutet Vielfalt, Kreativität, Lebensfreude und Lebenslust
- ♥ Gelb kann sowohl Lebensfreude ausdrücken (Sonne, Fröhlichkeit) als auch Eifersucht, Neid, Missgunst bedeuten

Wenn du nun diese Schatztruhe öffnest, was geschieht dann...?

- ♥ Purzeln dir deine Gefühle freudvoll entgegen? Oder sitzen diese bekümmert in einer Ecke der Truhe und versuchen sich zu verstecken?
- ♥ Wie sieht es im Inneren deiner Schatztruhe aus? Herrscht Gefühls-Chaos – wenn ja, welche Gefühle befinden sich im chaotischen Zustand?
- ♥ Erkennst du auf Anhieb jedes einzelne deiner Gefühle und kannst es genau definieren?
- ♥ Entdeckst du vielleicht ein lange vernachlässigtes Gefühl, dass bittere Tränen weint?
- ♥ Fehlt ein ganz bestimmtes Gefühl in dieser Schatzkiste?
- ♥ Befindet sich ein Gefühl in dieser Truhe, das gar nicht hineingehört, weil es nicht dazu passt?

Welche Gefühle befinden sich in der Schatztruhe? Beispielsweise die Traurigkeit, Wut, Sehnsucht, Freude, Liebe, Angst...

- ♥ Welches Gefühl will von dir endlich gefühlt und gelebt werden?
- ♥ Welches Gefühl solltest du nicht länger beachten?
- ♥ Welches Gefühl belastet dich nur und steht dir im Weg?
- ♥ Welches Gefühl würde dir stattdessen gut tun?
- ♥ Welches Gefühl spürst du am intensivsten?
- ♥ Welches Gefühl spürst du überhaupt gar nicht?
- ♥ Welches Gefühl vermisst du in deinem Leben?
- ♥ Welches Gefühl ist willkommen und du kannst es annehmen und akzeptieren?

Wie genau sehen die Gefühle in deiner Schatztruhe aus?

Beschreibe jedes einzelne dieser Gefühle. Lass dabei innere Bilder in dir entstehen...

- ♥ Welchen Namen gibst du jedem einzelnen deiner Gefühle?
- ♥ Welche Form besitzt jedes einzelne deiner Gefühle (ist es abstrakt, natürlich oder menschlich)?
- ♥ Wie groß oder klein ist jedes Gefühl?
- ♥ Wie nimmst du jedes Gefühl wahr (freudvoll, angenehm, belastend, unangenehm, frei, blockierend, nervend...)
- ♥ Wie fühlen sich deine Gefühle an? Weich und leicht oder hart und schwer? Rau und kratzig oder kuschelig und sanft, stachelig oder glatt...?
- ♥ Wie jung oder alt ist (gefühlt) jedes einzelne deiner Gefühle?
- ♥ Wie lang trägst du (gefühlt und real) dieses Gefühl wirklich bereits mit dir herum?
- ♥ Woher kommt dieses Gefühl – wo hat es seinen Ursprung und seine Wurzeln?
- ♥ Hältst DU an einem bestimmten Gefühl vehement fest und versteckst dich dahinter oder hängt dieses Gefühl von sich aus wie eine Klette an dir und blockiert dich deshalb und lenkt dich so von anderen wesentlichen Dingen ab? (Was ein elementarer Unterschied ist!)

Räume die Schatztruhe deiner Gefühle ganz bewusst auf...

Sortiere all deine Gefühle und weise jedem dieser Gefühle seinen ihm ureigenen Platz in deiner persönlichen Schatztruhe zu. Wenn du Angst hast, deine wahren Gefühle zu fühlen, dann lass diese Angst zu, es wird dir nichts passieren! Die Angst sitzt nur in deinem Kopf! Lass deine Gefühle zu, OHNE sie mit deinen Gedanken zu kontrollieren. Nimm deine Angst NICHT als Ausrede, dich nicht mit deinen (verdrängten) Gefühlen befassen zu wollen. Denn damit veräppelst du dich selbst! Und verhinderst so deine Heilung. Beobachte einfach, was da in dir passiert. Ohne zu bewerten. Lass deine Gefühle einfach da sein.

14. Wie du es schaffst, Erfolgsbremsen zu lösen und Selbstsabotage aufzugeben

Kennst du deinen inneren Feind? Deinen inneren Saboteur? Der dich an allem hindert, was dich erfolgreich und wirklich glücklich machen würde? Kennst du folgendes Szenario von dir?

Du hast einen wirklich intensiven und wichtigen Herzenswunsch, oder ein großes Ziel vor Augen. Du hast bereits die einzelnen Schritte ausgearbeitet, wie du deinem Herzenswunsch oder deinem Ziel ein ganz großes Stück näher kommen kannst. Du fängst damit an…bzw. du lässt dich ein Stück weit darauf ein…und dann…

…ganz plötzlich…ist es da: Der Gedanke bzw. die Handlung der Ablenkung!

Plötzlich fallen dir Dinge ein, die „so sehr viel wichtiger" sind, als das eigentliche Ziel. Der eigentliche Herzenswunsch. Und du erfindest Ausreden am laufenden Band.

- ☼ Du schiebst es auf einmal vor dir her, mit dem Gedanken: „Na ja…das hat ja noch Zeit…"
- ☼ Oder es überfällt dich ganz plötzlich eine innere Leere
- ☼ Du erwischst dich bei Gedanken wie: „Das schaffe ich doch sowieso nicht" – „Das wird nichts" – „Wahrscheinlich denken andere eh nur wieder schlecht über mich" – „Dazu bin ich dann doch zu „dumm" – „Ich bin sowieso nicht gut genug dafür" – „Das geht ja eh nur wieder schief" - „Das kann doch gar nichts werden" – „Ich hab mir nur eingebildet dass das gut ist" - „Am Ende werde ich sowieso nur wieder enttäuscht und stehe wieder alleine da"…usw…
- ☼ Du verlierst das Interesse an deinem Herzenswunsch
- ☼ Du findest dein Ziel plötzlich langweilig
- ☼ Du „interessierst" dich plötzlich für „viel wichtigere" Dinge

Genau das ist Selbstsabotage.

Denn Angst und (Selbst-) Zweifel hindern dich daran, wirklichen Erfolg zu haben. Weil du dir selbst im Weg stehst.

- ☼ Du traust dir nichts zu, weil du denkst, dass du sowieso nichts kannst (vielleicht wird oder wurde es dir permanent von außen so suggeriert?)
- ☼ Du versteckst dich hinter Ausflüchten
- ☼ Du hast Angst, Fehler zu machen und zu scheitern, aber gleichzeitig auch Angst, gut anzukommen – Angst vor Erfolg – da gerade hochsensible introvertierte Menschen es oft scheuen, im Mittelpunkt zu stehen
- ☼ Du machst dich selber schlecht, obwohl du genau weißt, was du kannst

Durch die Selbstsabotage bzw. die negative Gedanken- und Gefühls-Spirale können chronische Unzufriedenheit und ein Gefühl des permanenten Unglücklich-Seins auftreten. Das belastet deine Seele aber nur unnötig.

Genau das nennt man auch die Macht des magischen Denkens. Oder auch die selbsterfüllende oder selbstzerstörende Prophezeiung.

Du DENKST negativ – und somit FÜHLST du auch negativ. Und daraus resultieren dann negative HANDLUNGEN. Was dann zu dir letztendlich zurückkommt, ist ebenfalls negativ.

DENKST du aber positive Gedanken, FÜHLST du auch positiv. Und somit HANDELST du positiv und es kommt positives zu dir zurück.

Ich will dir das an ein paar Beispielen verdeutlichen:

Hast du Gleichgültigkeit in deinen Gedanken, FÜHLST du diese Gleichgültigkeit auch in dir. Und du kannst nur Gleichgültigkeit nach außen hin abgeben. Und somit kommt auch nur Gleichgültigkeit zu dir zurück.

Denkst du hingegen liebevoll und hast die Liebe in deinen Gedanken, FÜHLST du diese Liebe auch in dir. Und so strahlst du diese Liebe nach außen hin ab und es kommt ebenfalls Liebe zu dir zurück.

Trägst du ängstliche Gedanken in dir, FÜHLST du dich auch ängstlich. Und genau diese Angst sendest du dann nach außen. So kommt auch die Angst wieder zu dir zurück.

Bestehen deine Gedanken aus Glück und Zufriedenheit, FÜHLST du dich glücklich. Du gibst das Glück nach außen hin ab und so kommt auch das Glück wieder zu dir zurück.

Selbstsabotage kann man in verschiedene Kategorien einteilen. Zum einen in den zwischenmenschlichen Bereich, zum anderen in den beruflichen Bereich.

Hast du Angst vor beruflichem Erfolg, wirst du dank der ängstlichen Gedanken und Gefühle auch alles dafür tun um genau diesen Erfolg zu verhindern und somit zu vermeiden.

Angst = Vermeidungsverhalten

Mit jedem „Dass kann ich nicht" oder „Dass schaffe ich nicht" kreierst du dir deinen eigenen „Misserfolgs-Käfig", aus dem du nur ganz schwer wieder herausfindest.

Die Pfeiler dieses „Misserfolgs-Käfigs" bestehen zum einen aus Angst, Zweifeln und Bedenken und zum anderen aus (massivem) Widerstand gegen dein eigenes Glück!

Ganz genau. Mit Selbstsabotage verhinderst du sehr gekonnt dein eigenes Glück. Von daher solltest du dich immer wieder fragen: Möchte ich unglücklich sein und mich weiterhin selbst sabotieren? Gefällt es mir, dass ich mir selber ständig im Weg stehe? Fühle ich mich wohl damit? Ich sehe schon wie sich ein ganz dickes „Nein" auf deinen Lippen bildet…

Mit dem zwischenmenschlichen Bereich – also der Liebe und dem Glück – ist es dasselbe.

Hast du Angst vor erneuter Enttäuschung und erneuter Verletzung deiner Seele? Hast du Angst, dich selbst (wieder) zu verlieren? Hast du Angst, die emotionale Kontrolle über dich zu verlieren, wenn du dich wieder auf eine neue Liebe in deinem Leben einlässt?

Genauso verhinderst du automatisch mit deinen negativen Gedanken und logischerweise daraus resultierenden negativen und ängstlichen Gefühlen, und letztendlich auch Handlungen dein zukünftiges Glück!

Dasselbe gilt auch, wenn du dich beispielsweise im kreativen oder künstlerischen Bereich selbst verwirklichen willst. Wenn du aus deinen natürlichen Fähigkeiten und Talenten was machen und dich ausleben willst. Es dir aber immer wieder passiert, dass Zweifel, Bedenken und Ängste die Oberhand in dir gewinnen. Du traust dir nichts oder zu wenig zu, da du immer wieder negative Gedanken denkst und sich dann entsprechende, dazu passende, Gefühle und Emotionen in dir bilden. Genauso VERHÄLTST du dich dann auch. Du bildest eine innere und dann nach außen sichtbare ABWEHRHALTUNG. Und so kannst du dich NICHT selbst verwirklichen. Da du dir permanent selbst im Weg stehst. Wenn Selbstsabotage in deinem Leben immer wieder eine Rolle spielt – vor allem bei wichtigen Dingen – dann frag dich doch mal ernsthaft:

„Bilde ich mir den Misserfolg nur ein, oder werde ich es wirklich nicht schaffen, wieder glücklich zu sein und auf allen Ebenen meines Lebens Erfolg zu haben."

Was ist irreal, findet also nur in deinem Kopf statt? Und was ist tatsächlich real?

Du wirst schnell feststellen, dass sich das meiste wirklich nur in deinem Kopf – in deinen Gedanken und den daraus folgenden Gefühlen abspielt.

Selbstsabotage hat also etwas zu tun mit:

- ☼ Falschen bzw. negativen Denkmustern
- ☼ Falschen bzw. negativen Glaubenssätzen
- ☼ Falschen und unpassenden BEWERTUNGEN der eigenen Gedanken und Gefühle
- ☼ Falschen und unpassenden BEWERTUNGEN von Situationen in deinem Leben
- ☼ Falschen und unpassenden BEWERTUNGEN von Handlungen – deine eigenen oder die von jemand anders

Bewertest du etwas oder jemanden gut oder schlecht. Passend oder unpassend. Falsch oder richtig.

Bist du eindeutig FÜR etwas oder GEGEN etwas oder FÜR oder GEGEN jemanden.

Wenn du FÜR etwas oder FÜR jemanden bist, wenn dein Herz JA sagt, warum lässt du dich von deinem Verstand – von deinem inneren Saboteur - davon abhalten? Genauso funktioniert die selbsterfüllende Prophezeiung oder die selbstzerstörende Prophezeiung.

Ebenfalls könnte man es so ausdrücken, dass innere Persönlichkeits-Anteile in permanentem Konflikt miteinander stehen. Das heißt, dass mindestens zwei oder auch mehr Persönlichkeitsanteile in dir sich ständig „streiten". Und dich deshalb vom Erfolg abhalten. Das können beispielsweise der innere Kritiker und die Businesslady sein. Dann können auch noch der Rebell und die Vernünftige mitmischen. Oder – wenn es um die Liebe geht, könnten sich beispielsweise der innere Angsthase und die Liebesbedürftige permanent auf „Teufel komm raus" fetzen. Wenn dann auch noch der Vernünftige mitmischt, wird es umso schwieriger.

Aber die inneren Persönlichkeitsanteile haben eine eigene und wiederum sehr komplexe Thematik, und sprengen hier den eigentlichen Rahmen...

Bist du auch in dem typischen „Ich muss" Denken gefangen?

Dann hör ab sofort auf, mit diesen „Ich muss" Gedanken. Denn „müssen" musst du gar nichts!

Ich könnte mir vorstellen dass jetzt von dir ein leiser Einwand kommt, „Aber die anderen denken doch dann…" oder auch „Das sagt sich so leicht..."

Vergiss das, was ANDERE von dir wollen. Oder welche Einwände ANDERE dagegen haben. Tu nur das, was DU SELBST auch wirklich tun willst! Tu nur das, mit dem du selbst dich auch wirklich wohl fühlst! Und was sich für DICH SELBST als richtig und passend anfühlt.

Hör dabei auf dein Herz – auf deine Intuition – auf deine innere Stimme…

Und sitzt du ebenfalls in der Illusion von Stress?

Das bedeutet: Denkst du auch von dir, dass die Situation es ist, die dich so enorm stresst? Gerade dieses „falsche" Denken löst extreme Stressreaktionen in dir aus. Und du kannst nicht mehr so leistungsfähig sein, wie du es normalerweise wärst oder sein könntest.

Ich möchte dir ein paar Fragen stellen:

1. Traust du dir selbst zu, etwas bestimmtes zu schaffen?
2. Falls JA – warum setzt du es dann nicht um?
3. Wenn du dir dieses NICHT zutraust, WARUM traust du dir das nicht zu?
4. Wer hindert dich daran, dir genau dieses zuzutrauen? Du selbst, oder jemand von außen?
5. WARUM lässt du dich daran hindern?
6. Wovor genau hast du Angst (oder Zweifel und Bedenken)?

Jetzt fragst du dich sicherlich, was denn nun die Lösung dafür ist, um diese immer wiederkehrende Selbstsabotage in dir zu verhindern oder aufzulösen.

Dazu gibt es tatsächlich Methoden und gezielte Strategien.

Als erstes ist es natürlich extrem wichtig, dass du deinen Fokus – deinen inneren Kompass - auf Erfolg stellst. Weg von dem bisherigen Misserfolg! Konzentriere dich zweitens NUR auf das, was du WILLST – nicht auf das, was du NICHT willst!

Und drittens: Klammere UNWICHTIGES total aus!

Fokussiere dich stattdessen ausschließlich auf die wirklich wichtigen Dinge in deinem Leben.

Schreib dir eine Liste mit allem, was dir in deinem Leben WIRKLICH wirklich wichtig ist! Setze dann Prioritäten und vergiss die unwichtigen Dinge.

- ♥ Freunde dich mit deinem inneren Feind – deinem inneren Saboteur - an. Und lerne, ihn verstehen…und tritt in den inneren Dialog mit ihm
- ♥ Verändere deinen Blickwinkel. Und du wirst staunen, wie sich so manches „Problem" fast von selber verflüchtigt…
- ♥ Überwinde deinen inneren Widerstand und spring über deinen eigenen Schatten. Bedeutet, stelle dich deinen Ängsten und inneren Zweifeln…
- ♥ Stärke dein Selbstvertrauen und GLAUBE und VERTRAUE deiner ureigenen Intuition und deinem Instinkt
- ♥ Sprich dir selbst Mut zu – denk nicht nach, sondern HANDEL
- ♥ Mach auch bei kleineren Rückschritten weiter, bleibe gelassen und lass dich nicht irritieren
- ♥ Mach kleine Schritte – immer einen nach dem anderen – unterlasse es, Riesenschritte machen zu wollen
- ♥ Belohne dich für Erfolge- auch für kleine Teilerfolge

- ♥ Lege dir ein Mantra zu. Beispielsweise: „Ich schaffe alles was ich wirklich will!"
- ♥ Visualisiere immer wieder deinen Herzenswunsch
- ♥ Fühle Dankbarkeit für alles, was du bereits HAST
- ♥ Beobachte dich selbst, ohne zu bewerten: Wie stark ist dein Wille? Deine Durchsetzungskraft? Deine Durchhaltefähigkeit?

Und als letztes möchte ich dir mit auf den Weg geben, dass Selbstsabotage eine ganz gehörige Portion Dauerstress bedeutet. Dem kannst du in jedem Fall gezielt entgegenwirken und dich somit selbst innerlich entlasten und dir selbst Gutes tun…

15. Wie du dich aus emotionaler Abhängigkeit befreist und es schaffst, emotional loszulassen

Was ist damit gemeint? Das will ich dir gerne erklären. Loslassen sollst du nicht nur deinen äußerlich sichtbaren Stress und deine chronischen Muskelverspannungen und Verkrampfungen. Nein…

Sondern du sollst vor allem die Dinge loslassen, die eigentlich nur deine Seele und deinen Geist belasten und in der Vergangenheit festhalten. Denn auch das bedeutet inneren Stress für dich.

Das wären beispielsweise:

- ☼ Personen aus deiner Vergangenheit
- ☼ Belastende Ereignisse und Erinnerungen (und damit ist NICHT gemeint, dass du sie vergessen sollst!)
- ☼ Veraltete Normen und Werte die du nicht mehr brauchst, weil du dich längst weiterentwickelt hast
- ☼ Unpassende und negative Verhaltens- und Beziehungsmuster
- ☼ Negative Gedanken und Gefühle
- ☼ Falsche und unpassende Erwartungen, Ansprüche, Bedingungen und Forderungen
- ☼ Unpassende Konditionierungen
- ☼ Falsche und negative Glaubenssätze

Mit loslassen meine ich, dass du EMOTIONAL loslassen sollst. Du sollst dich nicht EMOTIONAL an veraltete oder vergangene Dinge, Personen, Ereignisse, Erinnerungen usw. klammern, sondern mit der Vergangenheit abschließen. Sie hinter dir lassen. Weil du diese Dinge sowieso niemals mehr ändern kannst.

In deiner Vergangenheit war es eben so, wie es war und heute ist die Gegenwart. Und hier solltest du auch wirklich mit all deinen Gedanken, Gefühlen und Emotionen ankommen. Du darfst dich absolut im Hier und Jetzt befinden! Damit du keinen inneren Stress mehr hast und dein Leben genießen kannst. Damit du dich in deiner Haut wohl fühlst.

Damit du entspannt und mit innerer Ruhe und Gelassenheit an deine Zukunft denken kannst. Und dich darauf freuen kannst. Egal, was die Zukunft bringt. Das weiß ja sowieso niemand!

JEDER Mensch muss sich mit „Risiko" auf seine individuelle Zukunft einlassen. Weil eben NIEMAND weiß, was noch in seinem ganz persönlichen Leben und auch allgemein passieren und sich verändern wird. Und es wird sich IMMER irgendwas verändern. Nichts und Niemand, wird für immer gleich bleiben. Denn das ist das Leben. Der Fortschritt. Die Weiterentwicklung von allem und von jedem.

Wie kannst du das erreichen, schaffen und durchhalten? Das erkläre ich dir nachfolgend.

- Zulassen

Natürlich solltest du in der Lage sein, **zuzulassen**, dass du ab sofort bestimmte Dinge (aus deiner Vergangenheit) loslassen wirst. Denn du brauchst diese Dinge jetzt nicht mehr. Dazu darfst du dir folgende Fragen stellen:

- ☼ WARUM habe ich bis jetzt daran festgehalten. An der Erinnerung, dieser Person, diesem Gefühl, dieser Erwartung, diesen Normen und Werten, diesen Erwartungen usw…
- ☼ WAS genau bringt es mir, immer noch daran festzuhalten?
- ☼ WIE fühle ich mich dabei?
- ☼ GEFALLEN mir diese Gefühle?
- ☼ Wenn NICHT, was kann ich daran ändern, DAMIT meine Gefühle mir gefallen?
- ☼ WER oder WAS hat mich davon abgehalten, loszulassen?
- ☼ WAS passiert schlimmstenfalls, wenn ich all dieses loslasse?
- ☼ WAS passiert aber auch bestenfalls…?
- ☼ WER oder WAS kann mir dabei behilflich sein, loszulassen?
- ☼ WIE schaffe ich es, durchzuhalten und mich selber zu motivieren, um loslassen zu können?
- ☼ WIE wichtig ist es mir, loszulassen und mit meiner

Vergangenheit abzuschließen? Gibt es ETWAS oder JEMAND für das oder für den es sich lohnt, altes loszulassen? Damit ich voll und ganz in der Gegenwart ankommen kann?

☼ WIE würde ich mich fühlen, wenn mich all das NICHT mehr innerlich belastet und stresst?

- Annehmen und akzeptieren

Mach dir folgende oder ähnliche Sätze zur Gewohnheit und integriere diese in deiner Tiefe:

„Ich nehme es an, dass sich diese bestimmte Person nicht mehr in meinem Leben befindet. Ich nehme es an, was zwischen uns passiert ist. Ich verzeihe dieser Person. Ich nehme es an und ich verzeihe dieser Person, was sie mir angetan hat. Ich nehme es an und ich verzeihe dieser Person, dass sie mich verlassen hat. ICH kann weder die Vergangenheit ändern, noch die Situation an sich. Ich bin dankbar für die Zeit mit dieser Person. Aber diese Zeit ist vorbei und ich brauche diese Person nicht mehr. Ich akzeptiere alles so, wie es ist. Die Zeit hat sich geändert und auch ich habe mich verändert. Genau das nehme ich an und akzeptiere alles so wie es ist. Denn nur so kann ich ganz im Hier und Jetzt ankommen und in der Gegenwart landen. Und diese mit all meinen Sinnen genießen."

Wir sind was wir erinnern...!

Wenn wir in unserer Vergangenheit schöne und positive Erinnerungen sammeln konnten und viele glückliche Momente genießen durften, sind wir positiv geprägt. Haben wir aber überwiegend schlimme, belastende und traumatisierende Erinnerungen und Erlebnisse aus unserer Vergangenheit mitgebracht, sind wir negativ geprägt. Das wirkt sich auf unser gesamtes Verhalten, unsere Gefühle und Emotionen und auf unsere Handlungen aus. Oft ist es so, dass wir negative, belastende oder auch traumatische Erinnerungen einfach nicht loslassen können. Und es vielleicht auch gar nicht wollen. Jahrelang knabbern wir an den negativen Gefühlen, die durch diese Erinnerungen und Ereignisse in uns wachgerufen und wachgehalten werden. Weil wir nicht erkennen können oder es gar nicht erkennen wollen, dass wir diese negativen und belastenden Dinge nicht mehr brauchen. Denn sie bringen uns nichts, außer inneren Stress. Diese Dinge sind die inneren Energievampire, Krafträuber und Zeitdiebe. Und die können uns ziemlich ärgern und ganz schön gemein zu uns sein. Kennst du diese Gefühle bei belastenden und negativen Erinnerungen? Bestimmt…

Um diese Erinnerungen nicht mehr als belastend zu sehen und um nicht mehr ständig daran denken zu müssen – und auch um sie mal endlich zu verarbeiten – brauchen diese Erinnerungen und Ereignisse aus unserer Vergangenheit ihren angestammten Platz in unserer Seele.

Unsere Erinnerungen wollen wahrgenommen werden!

Dadurch dass sie uns immer noch, auch nach möglicherweise vielen Jahren, als Belastung oder emotionale Schmerzen erscheinen, sagen sie uns, dass wir sie einfach nur wahrnehmen und ihnen ihren Platz in unserer Seele und in unserem Herzen zuweisen sollen. Das ist ein Hilferuf unserer Seele! Und auch DAS bedeutet GEFÜHLTEN Stress in uns. Das heißt genau: Nimm deine negativen, schlimmen und belastenden Erinnerungen bzw. Ereignisse aus deiner Vergangenheit bewusst wahr – auch wenn es schmerzt und weh tut, auch wenn du dabei bittere Tränen vergießen solltest (was zur Verarbeitung und der Trauerarbeit dazugehört!) und weise den Erinnerungen und Ereignissen aus deiner Vergangenheit, die du nun ja NICHT mehr brauchst, ihren Platz zu.

☼ Was hältst du von einem Erinnerungstagebuch? ☼

Wenn du Lust dazu hast und gerne schreibst, kannst du ein **Erinnerungstagebuch** führen. Und darin alle negativen, belastenden und schmerzenden Ereignisse und Erinnerungen eintragen. Das ist sehr hilfreich. So nimmst du deine belastenden Erinnerungen wahr, nimmst diese an und akzeptierst sie und weist ihnen ihren Platz zu. Wenn dir das schwerfällt, denk dir nichts dabei. Es ist vollkommen normal bei diesem Prozess des emotionalen Loslassens, dass du eventuell noch mal emotionale Schmerzen durchlebst. Geh achtsam und bewusst durch diese Schmerzen! Nur so kannst du sie wirklich auflösen. Stell dir beim verarbeiten und nochmaligem Durchleben die Fragen, wie ich sie dir weiter oben schon beschrieben habe. Wie du diese emotionalen Schmerzen aushalten kannst, erkläre ich dir im nächsten Schritt.

Mach dir folgendes bewusst:

Du sollst belastende Dinge lediglich EMOTIONAL loslassen. Gedanklich brauchst du sie nicht loszulassen. Denn du sollst ja nicht vergessen, sondern nur damit emotional abschließen. Weil du es nicht mehr in deinem Leben brauchst. Eben WEIL es nur unnötiger Ballast für dich ist.

Konzentriere dich stattdessen auf dass Schöne in deinem Leben. Leg deine Konzentration auf Menschen, die dir guttun und mit denen du dich wohl fühlst. Die dich bereichern und erfüllen. Die dich inspirieren. Und denen du vertrauen kannst. Die dir wirklich was bedeuten und die dir wichtig sind. Und die dir emotional auch was zurückgeben.

Schaff dir neue, lohnende Erinnerungen. Schöne und wundervolle Gefühle und Emotionen. An die du irgendwann mal gerne und mit einem Lächeln auf deinen Lippen zurückdenkst. So dass du KEINEN Stress dabei empfindest.

- Aushalten und beobachten

Nun geht es darum, deine Gefühle und Emotionen **auszuhalten,** die sich automatisch beim emotionalen loslassen in dir bilden. Beobachte deine Gedanken und Gefühle. Was spielt sich in deinem Inneren ab, jetzt da du Altes und Belastendes emotional loslässt? Wie geht es dir dabei? Wie fühlst du dich?

Wenn dich jetzt Gefühle der Wut oder Traurigkeit überkommen, ist das vollkommen normal. Wenn du weinen musst, dann lass das zu! Weine.

Lass die Tränen fließen. Das ist äußerst heilend für deine Seele. Kämpfe NICHT gegen negative Gedanken und Gefühle an! Das macht überhaupt keinen Sinn! Lass alles zu und halte es aus. Nur so kannst du ins wahre emotionale loslassen kommen. Nimm all deine Gedanken und Gefühle, die sich in dir bilden, an! Erst dann kannst du ehrlich und wahrhaftig und komplett dauerhaft loslassen. Erst dann fühlst du dich innerlich ehrlich von dieser emotionalen Last befreit.

- Einlassen

Du musst dich auf den gesamten Prozess des Loslassens ganz bewusst **einlassen**. Dich ihm **hingeben**. Ansonsten funktioniert das Loslassen nicht! Und nicht zuletzt musst du es **aushalten**, gewisse Dinge aus deinem Leben loszulassen. Weil du sie einfach nicht mehr brauchst. Nur so kannst du innerlich wirklich frei für die Gegenwart sein.

Und wie bemerkst du nun, dass du in destruktiver Weise emotional abhängig von einem anderen Menschen bist? Das ist eigentlich einfach.

Stellst du folgende Dinge an dir fest?

- ♥ Du hast das starke Gefühl, ohne den anderen nicht mehr leben zu können (was etwas vollkommen anderes ist, als wenn du von Herzen weißt, dass du ohne diesen Menschen aus tiefer und wahrer Liebe nicht mehr leben WILLST) – denn ersteres spricht für gravierende emotionale Bedürftigkeit
- ♥ Alles in deinem Leben dreht sich nur um diesen anderen Menschen. Du selbst stellst deine eigenen Bedürfnisse, Wünsche, Träume, Ziele und Visionen ständig zurück und verzichtest dem anderen zuliebe auf alles, was DIR wichtig ist und der andere wird zu deinem alleinigen Lebensinhalt
- ♥ Du selbst gibst immer nur, während der andere nur nimmt
- ♥ Du überlässt Entscheidungen immer dem anderen und willst oder kannst keine Verantwortung für dich selbst und deine eigenständigen Handlungen übernehmen

- ♥ Wenn du dich selbst bei Aussagen ertappst, wie „Ich würde ALLES für den anderen tun" solltest du dringend hellhörig werden. Denn kein Mensch tut aus wahrer Liebe ALLES für den anderen, sondern denkt in erster Linie an sein eigenes seelisches, körperliches, geistiges und emotionales Wohlbefinden. Und an sein eigenes Lebens- und Liebesglück
- ♥ Auch wenn du nach einem bestimmten Menschen regelrecht „süchtig" bist, kann das für emotionale Abhängigkeit bzw. für das gravierende Bedürfnis, einfach nur Liebe ERHALTEN zu wollen, sprechen.
- ♥ Wenn du Aussagen tätigst wie, dass der andere dich unbedingt glücklich machen müsse, solltest du ebenfalls hellhörig werden. Denn für dein eigenes Glück bist du selbst verantwortlich
- ♥ Wenn du um die Liebe eines bestimmten Menschen „bettelst", bist du ebenfalls emotional abhängig von diesem Menschen bzw. befindest dich in der tiefen Falle, unbedingt geliebt werden zu WOLLEN – vielleicht suchst du auch dringend nach der Anerkennung, dass du liebenswert bist, genauso wie du bist

Emotionale Abhängigkeit kommt übrigens nicht nur zwischen Liebespartnern vor, sondern beispielsweise auch zwischen Eltern (bzw. einem Elternteil) und längst erwachsenen Kindern. Die erwachsenen Kinder machen sich hier abhängig von der Anerkennung der Eltern bzw. desjenigen Elternteiles oder auch aus einem vollkommen falsch verstandenen Verantwortungs- und Pflichtgefühl den Eltern gegenüber.

Wenn ständig immer wieder von denjenigen Eltern dem erwachsenen Kind mit Schuldgefühlen impliziert wird, dass es sich ja um die Eltern kümmern müsse. Und die Eltern nicht alleine lassen und sich selbst überlassen dürfe. In diesem Fall können sich die Eltern oder der Elternteil nicht von ihren flügge gewordenen Kindern emotional lösen, da sie ihre Kinder als Lebensmittelpunkt sehen. Was oft zwischen Müttern und Töchtern vorkommt. Da die Mutter-Tochter-Beziehung eine der engsten und schwierigsten Beziehungen überhaupt ist.

Wie löst du dich nun aus einer emotionalen Abhängigkeit?

- ☼ Triff grundsätzlich deine eigenen Entscheidungen und übernimm auch die Verantwortung für dich selbst
- ☼ Stärke dein Selbstwertgefühl und „bettel" und kämpfe niemals um die Liebe eines anderen Menschen. Denn wenn dieser Mensch dich wirklich liebt, kommt er ganz von selbst zu dir und zeigt dir seine Liebe
- ☼ Schaffe dir unbedingt einen eigenen Lebensinhalt – lebe deine Träume, Leidenschaften und Sehnsüchte und erfülle dir deine ureigenen Bedürfnisse, Wünsche, Visionen und Ziele - unabhängig von den Urteilen, Meinungen und Bewertungen anderer
- ☼ Setz kristallklare Grenzen und sag deutlich „Nein"zum anderen, wenn du was nicht willst, wenn du dich unwohl fühlst und du spürst, dass dir was nicht gut tut - erlaube dir selbst einen gesunden (!) Egoismus
- ☼ Reflektiere dich selbst und erforsche und analysiere deine eigenen emotionalen und seelischen Mängel, die du in dir trägst – löse diese ganz bewusst auf
- ☼ Lege die Konzentration auf DICH SELBST – auf DEIN ureigenes Wohlbefinden und höre auf, permanent nur faule Kompromisse dem anderen zuliebe einzugehen
- ☼ Schreib deine ganz persönliche und individuelle Lebensgeschichte auf. Analysiere dann, wo du eventuell in alten und unpassenden Konditionierungen und negativen Glaubens- und Verhaltensmustern feststeckst
- ☼ Wo handelst du aus einem falschen Verantwortungs- und Pflichtgefühl heraus? Warum tust du das? Wer oder was hält dich davon ab, dich um dich selbst zu kümmern?
- ☼ Harre niemals aus Angst vor Verlust passiv in einer unglücklichen und destruktiven Beziehung und Bindung aus, sondern werde aktiv und kümmere dich um dein ganz persönliches Glück
- ☼ Löse dich ebenfalls aus einer unbefriedigenden „Warteposition"

- ☼ Zeig Stolz, Selbstachtung und Selbstwertgefühl und geh achtsam, sorgsam und liebevoll mit dir selbst um
- ☼ Erwarte nicht von anderen, dass sie sich ändern, sondern ändere selbst was, wenn du spürst, dass du dauerhaft unzufrieden mit etwas bist – andere können sich nur dann ändern, wenn diese Menschen das selbst auch wirklich wollen. Indem du dich allerdings veränderst, verändert sich auch der andere in irgendeiner Form. Denn Aktion erzeugt immer Reaktion. Ursache und Wirkung – Resonanzgesetz
- ☼ Finde deine inneren Blockaden und Dinge, die dich in deinem Leben „ausbremsen" und löse diese dann bewusst auf
- ☼ Bade in (Selbst-) Liebe – lass es zu, dass die Liebe dein gesamtes Sein durchflutet
- ☼ Zentriere dich in deinem Herzen
- ☼ Formuliere für dich alle deine Ängste und lass diese Ängste ganz bewusst zu. Denn nur, indem du alle deine Ängste ganz bewusst durchlebst, können diese sich auflösen
- ☼ Welche Dinge, Situationen oder Gefühle aus deiner Vergangenheit projizierst du ins Jetzt und erlaubst dir dadurch selbst nicht, authentisch zu sein? Wer aus deiner Vergangenheit hat dir ebenfalls nicht erlaubt, authentisch zu sein und deine Gefühle und Emotionen jederzeit ausleben zu dürfen? Was musstest du unterdrücken und was unterdrückst du jetzt?
- ☼ Wo in deinem Körper hast du Verspannungen und Verkrampfungen? Was drückst du die ganze Zeit weg? Dein Körper zeigt dir genau dies mit deinen Schmerzen oder auch anderen Symptomen

16. Wie dir der Weg deiner Seele Glück und Leichtigkeit für dein Leben schenkt

Vielen von uns sensiblen Menschen fällt es unglaublich schwer, dem Ruf unseres Herzens zu folgen und den wahren Weg unserer Seele zu gehen. Oft wissen wir überhaupt nicht, wie das eigentlich geht. Zwar fühlen wir unsere innere Stimme, haben aber gelernt, sie zu überhören. Und von uns zu schieben. Weil wir zu sehr in unseren Mustern und Konditionierungen verhaftet sind. Und weil emotionale Altlasten, Abhängigkeiten, Zweifel und Ängste uns plagen. Leider werden so oft nur faule Kompromisse gelebt. Oft haben wir auch durch diverse Umstände im Leben unser eigenes Selbst aus den Augen verloren. Oder wir hatten von Grund auf die Möglichkeit gar nicht, einfach zu SEIN. Weil wir nicht so akzeptiert und angenommen wurden, wie wir mit unserer Sensibilität nun einmal sind. Sind wir an einem gewissen Punkt im Leben angekommen, spüren wir überdeutlich, nicht (mehr) „wir selbst" zu sein. Wir fühlen uns unwohl, sind unzufrieden, chronisch unglücklich, fühlen schmerzlich, dass uns etwas Elementares fehlt, spüren den starken Wunsch nach einer Veränderung. Wir stellen uns viele existenzielle Fragen und suchen dringend nach Antworten. Dann gilt es, den wahren inneren Kern zu finden. Das wahre und sensible SO SEIN zu entdecken. Auf den leisen oder auch lauteren, dringlichen Ruf unserer eigenen so sensiblen Seele zu hören. Unsere innere Stimme wahrzunehmen. Unsere Wahrnehmung und unser Bewusstsein für unser ureigenes Selbst und unser authentisches Sein zu schärfen. Wenn wir die innere Stimme in uns permanent ignorieren und den authentischen Weg unserer Seele verweigern, können chronische Unzufriedenheit, psychosomatische Beschwerden und auf lange Sicht Depressionen und gar noch Schlimmeres die Folge sein. Deshalb ist es elementar, deine ureigene Wahrnehmung und dein Bewusstsein für dein eigenes Selbst zu schärfen. Denn oft tun wir das, was wir tun, nur, weil wir es vermeintlich tun müssen. Aber das passiert ohne jede Leidenschaft. Ohne Herz. Und ohne Seele. Wir tun es einfach nur. Wir funktionieren. Du tust das, was du tust, lediglich anderen zuliebe. Du verbiegst dich nach Strich und Faden wie eine Spirale, nur um geliebt, angenommen und akzeptiert zu werden. Weil du dich nicht gut genug fühlst. Und dann verleugnest du auch noch dich selbst. Du verleugnest dein wahres ICH. Genau hier liegt aber der Knackpunkt! Denn du wirst in Wahrheit wieder nicht genauso angenommen und wirklich geliebt, wie du im wahren Kern deiner Seele tatsächlich bist. Sondern du wirst nur „hingenommen". Du wirst toleriert. Aber nicht akzeptiert. WEIL du dich den anderen zuliebe verbiegst. Um so den anderen zu gefallen. Weil den ANDEREN das so gefällt. Weil die ANDEREN das sehen wollen. Oder weil die ANDEREN genau das von dir erwarten. Der freie Wille und der wahre Ruf deiner Seele ist somit ad acta und auf Eis gelegt. Wenn du nämlich plötzlich ganz genauso sein würdest, wie und wer du WIRKLICH bist – ohne jede Gutmütigkeit und ohne deine permanenten Verbiegungskünste und somit oberfaule Kompromisse – würdest du ziemlich schnell merken, dass du mit einem Mal gar nicht mehr so viele Menschen um dich hast, die dich WIRKLICH mögen. Und die dich WIRKLICH akzeptieren. Es wird einige Menschen geben, die sich ganz schnell von dir abwenden. Eben WEIL du nicht mehr der ständige „Ja-Sager" bist und dich konsequent abgrenzt. Dir nicht mehr alles gefallen und bieten lässt, aus Angst abgelehnt und nicht angenommen zu werden. Dich innerlich frei und unabhängig zu fühlen, ist unabänderlich, um den Weg deiner Seele in Ruhe und Frieden zu gehen. Dich innerlich frei zu fühlen, ist ein unglaublich kraftvolles und machtvolles Gefühl. Die Kraft und die Macht, zu dir selber zu stehen. Zu fühlen, was deine Seele tatsächlich will. Und dir diesen Seelenwunsch auch zu erfüllen. Deinen absolut freien Willen dabei zu benutzen. Und eben es NICHT zu ignorieren, was du wirklich in deinem Leben willst. Sondern dies auch offen zu LEBEN! Da die Seele, wenn sie außer Balance geraten ist, dich mit diversen Symptomen darauf aufmerksam macht. Sie schreit dann regelrecht auf, um sich Gehör zu verschaffen. Denn sie möchte Raum für sich haben. Raum sich zu entfalten und weiterzuentwickeln. Und schlussendlich, um einfach zu SEIN. Deine Seele verbindet sich automatisch mit den Menschen, den Dingen und den Seelen, von denen sie lernen kann.

Deine Seele macht dich permanent ganz genau darauf aufmerksam, was deine wahren Sehnsüchte, Wünsche und Träume betrifft. Sie zeigt dir deinen vorgesehenen Lebensweg. Was sich bei Erfüllung dann äußert in innerem Frieden, Entspannung und tiefer Gelassenheit. Du wirst innerlich ruhig. Und es kann dich so leicht nichts mehr erschüttern. Denn du bist dann in deiner Mitte. Indem du dir selbst vertraust, vertraust du deiner sensiblen Seele. Von ihr darfst du dich leiten und führen lassen. Denn sie alleine kennt deinen wahren Weg. Du musst nur lernen, die Melodie deines Herzens und deiner Seele wahrzunehmen und auf sie wirklich zu hören.

Den Weg der Seele zu gehen bedeutet Altes hinter dir zu lassen und Neues zuzulassen. Dabei helfen dir ganz enorm die fünf höchsten Energien im Universum. Wenn die kosmischen Energien in ihrer natürlichen Kraft ungebremst fließen, kommst du stetig für dich voran. Weil du mit diesen Energien schwingst. Und du dich mit ihnen verbindest. Es befindet sich alles in einem natürlichen Fluss. Du profitierst vom natürlichen Fluss dieser allgegenwärtigen Energien, spürst ihre Macht und nutzt sie für dich. Weil du selbst allgegenwärtige existierende Energie bist. Du bist ein energetisches Wesen.

Die fünf mächtigsten kosmischen Energien, die dich in deinem natürlichen Sein unterstützen, sind:

♥ **Liebe**

Sie ist die höchste, kraftvollste und mächtigste aller positiven Energien. Wenn wahre Liebe auf Resonanz stößt, kann sie frei fließen. Wenn Liebe auf keinerlei Resonanz stößt – d. h. wenn sie nicht erwidert wird, verläuft sie im Sande und löst sich wieder auf. Denn wahre Liebe kann nur existieren wenn die Energie frei fließen kann. Wenn sie blockiert wird, ist sie zwar da, es treten dann aber Komplikationen und Schwierigkeiten auf. Die Liebe darfst du grundsätzlich in dir selbst entdecken und finden. Du musst die wahre Liebe in erster Linie aus dir selbst heraus beziehen. Du musst die wahre Liebe zulassen können. Du musst die wahrhaftige Liebe empfangen können. Du musst die Liebe zu dir selbst und die Liebe eines anderen Menschen annehmen und aushalten können. Du musst dich darauf wirklich einlassen können. Denn wahre Liebe ist essentiell. Und genau deshalb elementar.

♥ Harmonie

Alles im Universum folgt einer natürlichen Ordnung. Alles fließt. Und ist natürlicherweise mit allem verbunden. Nichts existiert alleine für sich. Dabei folgt Harmonie nicht einer konstant geraden Linie, wie unser menschlicher Verstand denkt, sondern bewegt sich in ganz natürlichen Wellen und einem ständigen Auf und wieder Ab. Harmonie ist nicht, wie fälschlicherweise oftmals gedacht, immer nur Licht, Frieden und Freude, sondern Harmonie heißt, dass alles fließt. Die Energie fließt. Und solange die Energie fließt, befindet sich alles in seiner natürlichen Ordnung.

Sobald der energetische Fluss stockt, weil er durch irgendetwas blockiert wird, beispielsweise durch deine Gedanken, stockt auch die natürliche Ordnung. Und eine künstlich erzeugte Disharmonie stellt sich ein. Und du als Mensch drehst dich mit deiner Thematik im Kreis. Und wunderst dich, dass du nicht weiter voran kommst.

♥ Frieden

Dein Seelenfrieden hängt maßgeblich davon ab, ob du in deiner Seele erfüllt bist. Ob alles fließt. Oder ob du im Unfrieden und Kampf mit dir selbst bist, weil du blockiert bist und die Energie in dir stockt. Dir deine Energie ständig geraubt wird. Oder du selbst dir permanent deine kostbare Lebens- und Liebesenergie raubst. Weil du sie nicht in dir selbst hältst, sondern du zulässt, dass sie permanent von dir weg fließt.

Weil du den Fokus der Wahrnehmung und Aufmerksamkeit von dir selbst weg lenkst. Dich ablenkst im außen, mit nichtigen unwichtigen Dingen. Die dich vom Frieden in dir selbst fernhalten.

Wenn Harmonie in dir herrscht und deine ureigene Energie ungebremst fließt - du einfach nur du bist, authentisch, wahrhaftig und echt bist - befindest du dich im inneren Frieden mit dir. Da innerer Frieden ein Zustand des ganz natürlichen Seins ist.

♥ Stille

Stille ist ebenfalls ein Zustand des ganz natürlichen Seins. Lärm machen nur deine Gedanken in deinem Kopf. Und Lärmquellen im außen gibt es unendlich viele. Sie alle sind menschengemacht. Die Natur macht keinen Lärm. In der Natur existiert grundsätzlich Stille. Es gibt Geräusche. Sie stören allerdings nicht, da sie natürliche Liebe, Frieden und Harmonie pur sind. Nicht nur die Stille im außen, nein, auch die Stille in deinem Inneren ist elementar, damit du dich wohl fühlst. Die Stille in deinem Kopf, die Stille in deinem Herzen, die Stille in deiner Seele. Wenn es in dir selbst still ist, findest du Stille im außen. Weil du dann bewusst darauf achtest. Und keine Angst mehr vor Stille hast. Du hältst sie dann aus. Was du suchst, sucht auch nach dir. So findet zu dir, was zu dir will und zu dir soll, wenn du es zulässt. Wenn du empfängst. Wenn du offen bist, für die Stille in dir.

♥ Gelassenheit

In der Ruhe liegt die Kraft. Dich ständig über irgendwelche Dinge aufzuregen, zu jammern und zu klagen und dich chronisch in deinem selbst kreierten Drama zu suhlen, belastet deine Seele und deine Gedanken. Die dann Lärm veranstalten, in deinem Kopf. Gelassen in dir selbst zu ruhen ist dagegen unglaublich entlastend. Gelassenheit und ein entspanntes SO SEIN ist unendlich bereichernd und erfüllend. Weil du so deine natürliche Wahrnehmung ganz bewusst einsetzen und genießen kannst. Wenn du was an einer Situation ändern kannst, dann solltest du es auch ändern. Wenn aber was wirklich nicht änderbar ist, darfst du es annehmen und einen für dich geeigneten Umgang damit finden. Regelmäßige Meditation u. ä. hilft dir ganz enorm dabei, in dir gelassen ruhen zu können. Aber auch, um dein ureigenes Seelenleben bewusst aufzuräumen. Blockaden zu lösen und Altlasten loszuwerden.

Ablehnung blockiert all diese Energien.

Wer sich im ständigen inneren Gegen-Kampf und Widerstand befindet, tötet jegliches reines geben und empfangen von Energien ab. Der Weg der Seele ist so übersät und versperrt von immer neuen größeren und kleineren Hindernissen. Und es herrscht Stillstand im Leben. Wer sich seiner Selbst allerdings ganz bewusst wird, kann es schaffen, diese Hindernisse beiseite zu räumen. Damit so die Energien wieder frei fließen und sich bewegen können.

Dich innerlich frei und unabhängig zu fühlen, ist unabänderlich, um den Weg deiner Seele in Ruhe und Frieden gehen zu können.

Dich innerlich frei zu fühlen ist ein unglaublich kraftvolles und machtvolles Gefühl.

Die Kraft und die Macht, zu dir selber zu stehen. Zu fühlen, was deine Seele wirklich will. Und dir diesen Seelenwunsch auch zu erfüllen. Den wahren freien Willen dabei zu benutzen. Eben es NICHT zu ignorieren was du wirklich in deinem Leben willst – sondern es auch offen zu LEBEN! Da die Seele, wenn sie außer Balance geraten ist, dich mit diversen Symptomen darauf aufmerksam macht. Sie schreit dann regelrecht auf, um sich Gehör zu verschaffen. Denn sie möchte Raum für sich haben. Raum sich zu entfalten und weiterzuentwickeln. Und schlussendlich um einfach zu SEIN.

Deine Seele verbindet sich automatisch mit den Menschen, den Dingen und den Seelen von denen sie lernen kann.

Alles was du unbewusst tust, ist ein Ruf deiner Seele. Deines wahren Seins.

Deine Seele macht dich ganz genau darauf aufmerksam was deine wahren Sehnsüchte, Wünsche und Träume betrifft. Sie zeigt dir deinen Lebensweg. Was sich bei Erfüllung dann äußert in Entspannung und Gelassenheit. Du wirst innerlich ruhig. Und es kann dich so leicht nichts mehr erschüttern. Indem du dir selbst vertraust, vertraust du deiner Seele. Von ihr darfst du dich führen lassen. Denn sie alleine kennt deinen wahren Weg. Du musst nur lernen, die Melodie deines Herzens und deiner Seele wahrzunehmen und auf sie zu hören...

Finde zurück in deine wahre Seelenqualität. Denn diese zeigt dir immer, was IST…

- ♥ Was sind deine wahren Sehnsüchte, Wünsche und Träume?
- ♥ Was willst du „eigentlich" unbedingt tun, tust es aber bisher nicht?
- ♥ Welche Handlungs-Impulse melden sich immer wieder in dir und du ignorierst sie?

☼ **Dein Seelengarten** ☼

Stell dir vor, deine Seele wäre eine Landschaft. Wie sieht deine ganz persönliche Seelenlandschaft aus? Du kannst deine Seelenlandschaft auch malen…

- ♥ Zeigt sich ein märchenhafter, wunderschöner, blühender Garten?
- ♥ Zeigt sich undurchdringlicher Dschungel?
- ♥ Zeigt sich eine kalte Eiswüste?
- ♥ Zeigt sich eine Landschaft, in der es weit und breit nur Gras und Wiesen gibt?
- ♥ Zeigt sich eine gut durchstrukturierte und gepflegte Parkanlage?

Je nachdem, wie dein ganz persönlicher Seelengarten aussieht, spiegelt das den wahren Zustand deiner Seele wider.

Der undurchdringliche Dschungel deutet beispielsweise auf nicht verarbeitete Traumata, alte seelische und emotionale Verletzungen und unterdrückte und nicht ausgelebte Gefühle hin, die dringend der Heilung bedürfen. Die Eislandschaft kann für ein verschlossenes Herz und unterdrückte und weggeschobene Gefühle stehen – eine typische Selbstschutzstrategie um irgendwie dein Leben leben zu können.

- ☼ WAS und WER befindet sich alles in deinem Seelengarten?
- ☼ Welche Ihrer natürlichen Talente, Fähigkeiten, Stärken?
- ☼ Welche Sehnsüchte und Leidenschaften?

Was entdeckst du dort, was unbedingt von dir gelebt, verwirklicht und entfaltet werden möchte?

In meinem Buch „Hochsensibilität und der Weg unserer Seele" erfährst du explizit, wie du die Zeichen deiner Seele erkennst, wie deine Seele sich dir überhaupt zeigt, wie du dich vollends entfaltest und noch viel mehr...

17. Wie du dich zentrierst und in deine innerste Mitte findest

Beim zentrieren geht es darum, dass du selbst dir jederzeit der Anker bist, im stürmischen Ozean des Lebens. Du bleibst ganz bei dir und gibst dir (Selbst-)Sicherheit, Geborgenheit und Halt. Du vertraust dir selbst grenzenlos. Du weißt, dass du dich jederzeit auf dein ureigenes Urteilsvermögen verlassen und die richtigen und passenden Entscheidungen für dich treffen kannst.

Zentrieren kannst du dich auf unterschiedliche Weise:

- ♥ Auf deine Person als Ganzes
- ♥ In deinem Herzen und in deinem Fühlen
- ♥ In deiner Seele

Lenke deine Aufmerksamkeit ganz gezielt auf DICH SELBST. Auf deine eigene Person. Auf dein ICH. Mach dich selbst bewusst (Selbst-BEWUSST-Sein):

ICH BIN... – ICH WILL... – ICH WERDE... (Veränderung zulassen und handeln)

Ziehe deine Aufmerksamkeit von allem ab, was dich belastet, was dir nicht gut tut, was dir nachweislich schadet, womit du dich unwohl fühlst, was dich nicht befriedigt und erfüllt – und vor allem – zieh deine Aufmerksamkeit von Dingen ab, die unwichtig für dich sind. Die du wirklich NICHT brauchst, in deinem Leben. Lenke stattdessen deine Aufmerksamkeit bewusst in dein Inneres. Spüre hinein in dein Herz und in deine Seele.

Stell dir vor, du siehst dich selbst vom Zuschauerraum aus auf einer dunklen Theater-Bühne stehen. Der helle Schein des Lichtkegels, in dem unzählige, winzige Staubflöckchen tanzen, fällt ausschließlich auf deine Person. Auf DICH...

Du bist in diesem Moment – diesem einzigartigen und kostbaren Augenblick das allerwichtigste.

Es geht ausschließlich um dich. Um dein Leben. Um dein seelisches und emotionales Wohlbefinden. Um dein ganz persönliches Lebens- und Liebesglück. Alles andere im Zuschauerraum (dein Umfeld, deine Beziehung oder Partnerschaft, deine Familie...) alles bleibt außen vor. Du ganz allein stehst im absoluten Mittelpunkt.

Nimm dich selbst ganz bewusst wahr.

- ☼ Welche Rolle spielst du auf dieser Theater-Bühne? Siehst du dich selbst da oben stehen oder siehst du eine Person, die dir eigentlich „fremd" ist? Wen stellst du dar?
- ☼ Wie fühlst du dich als Person auf dieser Bühne bzw. wie fühlst du dich aus der Perspektive des Zuschauerraums, wenn du dich aus diesem „fremden" Blickwinkel betrachtest?
- ☼ Welche Kleidung trägst du auf dieser Theater-Bühne, wie siehst du aus?
- ☼ Was gefällt dir an dir selbst besonders gut und was so gar nicht?
- ☼ Was brauchst du noch, um tatsächlich du selbst und somit authentisch zu sein?
- ☼ Was würdest du an dir selbst gerne verändern...? Und erspüre ganz bewusst, was dir WIRKLICH wichtig ist!
- ☼ Was willst du WIRKLICH für dein Lebens- und Liebesglück haben?
- ☼ Mit was und mit wem fühlst du WIRKLICH emotionale Freiheit, wahrhaftige Liebe, Fülle & Erfüllung, Leichtigkeit, inneren Frieden?
- ☼ Was sind deine tiefsten Sehnsüchte, Träume, Bedürfnisse und Wünsche – sie sagen dir deine wahre Bestimmung. Deinen wahren Lebens-Sinn.
- ☼ Lenke auch deinen Atem ganz gezielt in deine innerste Mitte und zentriere deinen Atem einzig auf dein sensibles Sein.

Tu es! Tauche ein in die vielfältigen Schichten deines wahren Seins. Lass dich fallen und sinke ganz bewusst tiefer und tiefer und tiefer. Schicht für Schicht lässt du dich auf sich selbst ein. Lass die Kontrolle absolut los. Erforsche dein wahres Selbst...dein wahres sensibles Sein...entdecke ganz bewusst dein inneres Potenzial....deine inneren Ressourcen...und lege alles ganz bewusst frei. Lass die Gefühle, die sich in dir entwickeln zu...spüre diese bewusst und lass die Energie fließen. Lass jegliche deiner inneren Blockaden, jegliche Ängste, Zweifel und Unsicherheiten einfach los. Du brauchst sie nicht. Weil sie dich nur von der Leichtigkeit des Seins abhalten.

Bring ganz gezielt Leichtigkeit und Unbeschwertheit in dein Leben. Indem du alles einfach vertrauensvoll fließen lässt...ohne jeden Kampf...ohne jegliches forcieren wollen. Wie du nun siehst und erkennen kannst, ist Unbeschwertheit und Leichtigkeit für dich als hochsensiblen Menschen wirklich äußerst sinnvoll und wertvoll.

Lebe dein Leben deshalb nicht länger mit angezogener Bremse. Sondern löse alle Blockaden, „Ausbremser" und Belastungen, die du nicht mehr brauchst. Und komm ganz im Hier und Jetzt an. Lass dich ins Leben fallen! Und lass es fließen. Genieße dein Leben. Empfange es. Genieße dein ganz persönliches Glück. Lass die wahre Liebe in dein Leben. Und genieße diese Liebe. Sie ist ein überaus kostbares Geschenk! Genauso wie deine Hochsensibilität ein kostbares und wertvolles Geschenk ist. Es gibt nichts, was mehr Erfüllung und Kraft gibt in deinem Leben, als dass du wahrhaftig geliebt wirst. Und selbst wahrhaftig liebst.

Immer dann - wenn du dich in deiner ureigenen Mitte zentrieren willst, lenkst du deine Aufmerksamkeit ganz bewusst auf deine eigene Person. Sieh dich selbst vom Zuschauerraum aus auf der dunklen Theater-Bühne stehen, den Lichtkegel, in dem die unzähligen, winzigen Staubflöckchen tanzen, auf dich gerichtet. Und überprüfe dabei immer wieder die Rolle, die du für dich und andere spielst. Achte dabei immer auch auf deine Gefühle, die sich in diesen Momenten in dir bilden. Und lass diese Gefühle zu. Mit der Zeit gelingt dir das ganz automatisch immer öfter. Das ist einfach ein Übungsprozess. Fühle in dich rein und erspüre deine wahren Bedürfnisse. Lass dich dabei von niemandem beeinflussen und von nichts und niemandem ablenken und stören.

Bleib bei DIR. Denn – du darfst! Erlaube dir, deine Aufmerksamkeit auf DICH zu lenken.

Übungen, wie du dich zentrieren kannst:

- ♥ Erspüre jederzeit genau den Punkt, an dem du anfängst, dich unwohl zu fühlen. Zieh mit einem imaginären Energiestab in deiner Hand einen unsichtbaren Schutzkreis um dich herum. Und jeder, den du nicht in deinem Schutzkreis haben willst, prallt automatisch an diesem energetische Schutzkreis ab, wie an einer imaginären Gummiwand. Und kommt nicht wirklich an dich heran. In deinen ganz persönlichen Energie-Schutzkreis dürfen nur die Dinge und die Menschen, die du auch wirklich in deinem Schutzkreis haben willst.
- ♥ Stell dir vor, du bist ein Baum oder eine Blume. Und bist mit deinen Füßen tief und fest mit dem Erdboden verwurzelt. Lege deinen Fokus auf die nährende und kraftvolle Verbindung zwischen dir und der Erde. Und zentriere dich genau in diesem Punkt. Konzentriere deinen Atem ebenfalls auf diesen Punkt
- ♥ Zentriere dich auf deinen Scheitel. Und stell dir vor, wie lebendige Energie von deinem Scheitel bis zu deinen Fußsohlen durch jegliche Faser deines gesamten Seins fließt. Und dich mit allem versorgt, nährt und sättigt, was du für dich brauchst.
- ♥ Zentriere dich im Garten deiner Seele. Male dir in den schönsten und buntesten Farben aus, wie dein persönlicher Seelengarten aussieht. Atme dabei bewusst in den Mittelpunkt deines Körpers und spüre bewusst deine Gefühle dabei.
- ♥ Stell dir vor, du hältst einen langen, hell strahlenden Energiestab in deiner Hand. Er ragt weit über deinen Kopf in Richtung Himmel und bis tief hinunter in die Erde. Lege deine Aufmerksamkeit auf diesen hell strahlenden Energiestab und zentriere dich auf die unbändige Kraft, die er auf dich überträgt.

♥ Zentriere deine Aufmerksamkeit prinzipiell auf deine Gefühle, auf deine Intuition und auf deinen natürlichen Instinkt. Und vertrau auf diese natürlich angelegten Fähigkeiten, die dich immer in die für dich persönliche passende Richtung lenken. Bleib dabei grundsätzlich bei DIR und in deiner Mitte. Agiere bewusst nach außen und reagiere bedacht, auf das was von außen kommt.

♥ Lenke deine Aufmerksamkeit bewusst auf die Essenz deines puren und sensiblen So-Seins. Tauche tief ein in diese Essenz, lass dich hineinfallen und lass dich einfach treiben. Werde dir all deiner natürlichen Fähigkeiten, Stärken und Talente bewusst. Und gib dir selbst die Energie und die Kraft, die du brauchst, um deinen ganz normalen Alltag zu bewältigen. Um dich zu verwirklichen und zu entfalten und einfach DU SELBST zu sein.

18. Wie du dich in deinem Herzen verankerst

Stell dir vor, du befindest dich im Inneren deines Kopfes. Und gehst bewusst heraus aus deinem Verstand. Lässt jegliches Gedankenchaos, die bedrückende Atmosphäre und die dazu passenden Bewertungen in deinem Kopf hinter dir. Ganz bewusst begibst du dich ein paar Etagen tiefer in den Raum deines Herzens. Du löschst das Licht im völlig überfüllten, überquellenden, Raum deiner Gedanken und trittst heraus aus der Türe deines Verstandes. Von außen schließt du sorgfältig die Türe hinter dir ab. Dann begibst du dich auf den Weg, hinunter zum Raum deines Herzens. Langsam steigst du ganz bewusst Stufe für Stufe die Treppe nach unten.

Wie sieht deine ganz persönliche Treppe aus? Handelt es sich vielleicht um eine uralte und schmale Wendeltreppe mit knarrenden Stufen aus Holz? Ist deine Treppe breit, aus hellem Marmor und mit schön geschwungenem Treppengeländer? Oder ist sie vielleicht aus Glas oder mit Teppichboden ausgelegt. Wie sieht das Treppenhaus aus? Ist es dunkel und muffig oder hell erleuchtet. Verbreiten viele brennende Kerzen ihren natürlichen Schein, blendet dich Neonlicht oder hängt ein riesiger, glitzernder Kronleuchter von der Decke.

Du bist hellwach und steigst immer weiter hinab. An deinen Augen und Ohren vorbei und durch deinen Hals nach unten. Du spürst die Wärme und Lebendigkeit in deinem Körper.

Wie fühlst du dich auf dem Weg in dein Herz? Bist du schon gespannt, wie es im Raum deines Herzens aussieht? Oder weißt du das bereits. Und kannst es deshalb kaum erwarten, dort anzukommen. Fühlst du dich befreit, voller Hoffnung und glücklich? Weil du endlich bereit dafür bist, diesen Raum ganz bewusst zu entdecken? Oder überfällt dich Angst und du spürst Beklemmung und Abwehr in dir. Machen Zweifel sich breit, ob es die richtige Entscheidung ist, die du für dich getroffen hast? Möchtest du weitergehen und mutig ins ungewisse Land deiner Gefühle und Emotionen vordringen? Oder würdest du am liebsten wieder umkehren und zurück in die Sicherheit deines

Verstandes flüchten. Weil du sehr genau weißt, wie es in deinem Kopf aussieht. Aber nicht, was dein Herz dir zu bieten hat.

Als du vor der Türe zum Raum deines Herzens angekommen bist, bleibst du stehen und hältst einen Moment inne. Welche Farbe und welche Form hat die Türe zu deinem Herzen? Aus welchem Material ist sie beschaffen? Aus natürlichem Holz, aus Glas oder gar aus Eisen. Hast du den passenden Schlüssel dabei, mit dem du die Türe aufschließen kannst? Oder geht die Türe bereits ganz von selbst auf. Hängt vielleicht ein Willkommens-Schild an dieser Türe?

Nun betrittst du also den Raum deines Herzens. Achte ganz bewusst auf die Gefühle, die du jetzt spürst.

Wie sieht es im Raum deines Herzens aus? Ist er klein und eng oder bietet er grenzenlos Platz. Ist er weit und offen oder eher verschachtelt und verwinkelt. Mit ganz vielen kleinen versteckten Ecken. Gleicht dein ganz persönlicher Herzraum eher einer alten und eingefallenen Ruine, einer vernichtend kalten Eisgrotte, einer feierlichen Kathedrale, einem nostalgisch eingerichteten Zimmer oder einem edlen Königsgemach. Befindet sich im Raum deines Herzens vielleicht ein weiter Garten voller blühender Blumen und mit Pfaden, auf denen du jederzeit und in aller Ruhe wandeln kannst? Oder entdeckst du dort eine weite Graslandschaft, in deren Unendlichkeit du Angst hättest, dich zu verlieren. Oder doch deinen Lieblingsstrand, an dem du dich super wohl und entspannt fühlst. Und du spürst den feinen Sand unter deinen nackten Füßen, als du den Strand betrittst. Hörst das Rauschen der Wellen und atmest die frische Luft tief ein. Betrachtest den tiefblauen Himmel über dir und siehst den Horizont in weiter Ferne hinter dem Meer. Spürst den Wind, der dir sanft um deine Nase weht. Oder entdeckst du im Raum deines Herzens einen anderen Lieblingsplatz von dir. Vielleicht einen wunderschönen Baum mit tief in der Erde verankerten Wurzeln? Der dir alleine mit seiner Anwesenheit Kraft und Halt schenkt und an dessen grün beblätterten Zweigen köstliche Früchte wachsen? Welcher Duft liegt in der Luft?

Ist dieser Raum hell, freundlich und einladend oder ganz dunkel und unheimlich. Tanzen helle Sonnenstrahlen durch ein Fenster herein in dein Herz oder erleuchten brennende Kerzenlichter den Raum. Glimmt nur noch ein winziger Funke im Feuer deines Herzens und dir ist kalt und du frierst? Oder entdeckst du hoch lodernde Flammen, bei denen du Angst hast, dich zu verbrennen, wenn du ihnen zu nahe kommst.

Wie ist der Raum deines Herzens beschaffen? Wie fühlen sich Wände und Boden an? Sind diese aus Lehm, Stein oder Glas? Bieten bequeme Sitzgelegenheiten Platz und laden zum verweilen ein? Fühlst du dich sicher und geborgen in diesem Raum? Bist du entspannt und gelassen? Und innerlich ruhig? Fühlst du die Energie der wahrhaftigen Liebe in diesem Raum deines Herzens?

Oder gibt es hier was, das dir gravierende Angst einjagt und du bist fast erstarrt und wie eingefroren. Hast das Gefühl zu versinken und dich selbst zu verlieren.

Befindet sich außer dir noch jemand hier? Wenn ja – wer befindet sich bereits hier? Wartet dieser jemand vielleicht schon lange auf dich? Und ist überglücklich, dich endlich zu sehen? Was tut dieser jemand, als er dich sieht? Bist DU glücklich, diesen jemand zu sehen? Umarmt ihr euch und wollt euch gar nicht mehr loslassen?

Hält sich gar jemand in diesem Raum auf, der überhaupt nicht hierher gehört? Den du nicht hier haben willst und aus diesem Raum auf der Stelle hinauswerfen willst? Was hält dich davon ab, genau dies zu tun?

Oder gibt es jemanden, den du dir in den Raum deines Herzens herein wünschst. Den du unbedingt hier haben willst. Warum lädst du diesen jemand nicht in dein Herz ein?

Wie sieht es um den Raum deines Herzens herum aus? Ist alles weit und offen und jeder der in dein Herz vordringen will, darf auch herein? Oder hast du hohen Stacheldraht, eine dicke Steinmauer oder dichte Dornenhecke als Schutz um den Raum deines Herzens errichtet.

Was passiert nun im Raum deines Herzens?

Kannst du die Liebe, die du dort spürst, zulassen? Nimmst du diese Gefühle an und lässt es zu, dass die Liebe dich flutet? Und jede Faser deines gesamten Seins durchdringt? Lässt du dich entspannt von dieser Liebe tragen? Oder wehrst du die Liebe ab und schiebst sie von dir weg. Bist du gerade ganz du selbst? Oder hast du das Gefühl, du wirst von jemand anderem beeinflusst. Handelst du rein aus deinem freien Willen heraus? Möchtest du im Raum deines Herzens bleiben und dort verweilen? Hältst du die intensive Energie dieser Liebe aus?

Bewegst du dich ganz bewusst durch den Raum deines Herzens und nimmst sämtliche Details, die du entdeckst, wahr. Bist du erfüllt von der wahrhaftigen Liebe?

Welche – vielleicht winzigste Kleinigkeiten – fallen dir hier auf? Ist der Raum deines Herzens sauber und aufgeräumt? Oder herrscht heilloses Chaos, genauso wie in deinem Kopf? Welche Gefühle und Emotionen nimmst du wahr? Bist du erfüllt von der wahrhaftigen Liebe? Oder purzeln die Gefühle und Emotionen vollkommen durcheinander durch diesen Raum. Und du musst sie erst mal in aller Ruhe aufsammeln und sortieren. Und jedem einzelnen deiner wahren Gefühle, jeder einzelnen wahrgenommenen Emotion, seinen ihm ureigenen Platz zuweisen.

Zentriere dich auf die Energie der wahrhaftigen Liebe und atme ganz bewusst in dein Herz. Ist es dort angenehm ruhig und still oder bersten fast deine Ohren von dem Lärm und Getöse, das deine ungelebten und permanent unterdrückten Gefühle dort veranstalten?
Lass jegliche Gefühle und Emotionen, die du jetzt spürst, ganz bewusst zu. Und durchlebe ganz bewusst diese Gefühle.

Mach es dir im Raum deines Herzens bequem und lass alles in aller Ruhe auf dich wirken. Beobachte bewusst, was sich dort abspielt. Fokussiere dich auf das, was du wahrnimmst und was du FÜHLST.

Bleibe solange du kannst – solange du es aushältst – in dem Raum deines Herzens. Und erkunde immer wieder aufs neue, was dort genau passiert. Nimm alles ganz bewusst wahr. Und lass es zu. Lass die Energie der wahrhaftigen Liebe fließen...

Dein Herz und dein Verstand sind gegenseitig jederzeit über die Treppe in dir erreichbar. Du kannst zwischen den Etagen wechseln und hin und her switchen - so oft du nur willst.

Wenn dich das Gefühl überkommt, wieder mal in die Sicherheitszone im Raum deines Verstandes flüchten zu müssen, kannst du das jederzeit tun. Aber fokussiere dich dabei trotzdem auf die Energie deiner Liebe. Und behalte den Raum deines Herzens immer bewusst im Blick. Und du wirst sehen, je öfter du dich im Raum deines Herzens aufhältst, desto sicherer wirst du dich dort fühlen. Und auch dort bleiben wollen. Da dort dein wahres Zuhause ist und Frieden, Harmonie und immerwährende Geborgenheit herrscht. Die du dir selbst jederzeit geben kannst. Du selbst bist es, der die Energie deines Herzens und die Energie deiner Liebe jederzeit für sich nutzen kann. Und sich jederzeit immer wieder aufs neue, in dem Raum deines Herzens zentrieren kann.

Denn im Raum deines Herzens - und im Raum deiner sensiblen Seele - befindet sich der Ur-Quell deines wahrhaftigen und authentischen Seins.

19. Wie du dein Selbst harmonisierst, um (wieder) unbeschwert zu SEIN

Jeder kennt dieses Wort. Jeder liebt es. Und jeder will es haben. Harmonie ist neben der wahren Liebe der vielleicht meist gewünschte Zustand unter den Menschen. Gerade hochsensible Menschen sind sehr auf Harmonie in all ihren zwischenmenschlichen Beziehungen und ihrem gesamten Lebensumfeld bedacht. Viele kämpfen darum, Harmonie in ihrem Leben zu haben. Weil sie nicht wissen, wie es ist, IN Harmonie zu sein. Dabei ist es in Wahrheit viel einfacher als viele denken. Denn – Harmonie ist ein natürlicher Seins-Zustand. Und somit IMMER vorhanden. Viele sehen diese Tatsache nur oft nicht. Da sie damit beschäftigt sind, sich anderen Dingen zu widmen. Sie legen ihren Fokus automatisch auf den Mangel in ihrem Leben. Und konzentrieren sich auf die Dinge, die sie NICHT haben. Sie sind ständig damit beschäftigt Dinge die abwesend sind, haben zu wollen. Und sehen währenddessen nicht, was schon die ganze Zeit anwesend ist in ihrem Leben.

Es sind NICHT die äußeren Umstände, die die Harmonie stören. Sondern DU bist es, die nicht in Harmonie mit SICH SELBST ist. Das ist das Prinzip von Ursache und Wirkung. Nur wenn du selbst IN Harmonie – also ganz in deiner eigenen Mitte - bist, kannst du diese natürliche Harmonie nach außen hin aussenden. Damit so die Harmonie wieder zu dir zurückkommt. Nur indem du SELBST in Harmonie bist, kannst du Harmonie in dein Leben ziehen.

Das gesamte Leben ist von Natur aus harmonisch. Alles fließt. Alles befindet sich im ständigen Fluss. Alles ist lebendige Energie. Alles Lebendige ist mit allem verbunden. Alles schwingt. Alles ist in Bewegung. Wie ein Pendel. Unaufhörlich. Nach allen Seiten. Nach rechts und links, nach oben und unten. Vor und zurück. Nach innen und außen. Jeder Pol braucht einen Gegenpol. Jedes Gewicht braucht ein Gegengewicht. Alles Unbewusste braucht auch Bewusstes. Nur so kann Gleichklang entstehen. Und alles ist ausbalanciert. Eben in Harmonie. Du brauchst Dunkelheit, um Licht sehen zu können. Da wo die Anwesenheit von Licht ist, gibt es keine Dunkelheit. Erst die Abwesenheit von Licht zeigt dir die Dunkelheit. Aber nur in der Dunkelheit kannst du die Sterne betrachten. Du brauchst also auch die Dunkelheit, um den Sonnenaufgang – das Licht, den Tagesanbruch – sehen zu können. Ohne Nacht gäbe es keine Sterne für uns. Und ohne Tag gäbe es kein Licht, also keine Sonne. Alles bedingt einander. Alles strebt natürlicherweise danach, vereinigt zu werden. Ordnung und Chaos, Böse und Gut, Männlich und Weiblich.

Das Licht einer brennenden Kerze wirft keinen Schatten. Da es sich vollkommen in seiner Mitte befindet. Es ist von Natur aus IN Harmonie mit sich selbst. Licht ist Liebe. Und Liebe ist ein Seins-Zustand. Alles, was NICHT Liebe ist, ist künstlich herbeigeführt. Und somit auch NICHT in Harmonie.

Womit nun wir Menschen sehr oft beschäftigt sind, ist, uns mit genau den Dingen zu befassen, die wir überhaupt nicht brauchen können, in unserem Leben. Da sie den natürlich angelegten Lebensfluss blockieren. Die Energie kann so nicht mehr fließen und schwingen. Du drehst dich nur noch im Kreis. Und es herrscht Stillstand in deinem Leben. Und du wunderst dich dann, wenn du nicht mehr weiterkommst mit deinen Themen. Vergisst dabei aber meist, dass ausschließlich DU SELBST es bist, die diesen natürlichen Lebenszyklus blockiert. Weil du dich auf deine Blockaden konzentrierst. Anstatt dich vertrauensvoll im Fluss des Lebens treiben zu lassen.

Korper, Geist und Seele sind eine untrennbare Einheit. Solange alles ausbalanciert und im Gleichgewicht ist, ist alles in bester Ordnung. Sobald aber eine innere Blockade in dir auftaucht, aus welchem Grund auch immer sie sich in dir manifestiert, ist dieses natürliche Gleichgewicht – die Harmonie in dir – gestört. Und du wirst krank. Und entwickelst diverse Symptome. Krankheit ist eine Manifestation dessen, dass du nicht du selber bist. Sondern faule Kompromisse lebst. Für dich selbst und für andere. Du verbiegst dich, um Dinge von anderen zu bekommen, weil sie das so ERWARTEN. Derweil weißt du oft gar nicht oder blendest es aus, weil du es nicht wahrhaben willst, dass andere dir nicht geben KÖNNEN, was du so dringend von ihnen haben willst. Dass ausschließlich DU SELBST es bist, die sich diese Dinge erfüllen kann. Und du so ganz schnell wieder in deiner Mitte und somit in innerer Harmonie wärst. Wenn du aber darauf WARTEST, dass andere dir deine Bedürfnisse, Wünsche und Sehnsüchte erfüllen, lebst du im Ungleichgewicht mit dir selbst. Du befindest dich in einem inneren Mangel, den du selbst aufrechterhältst. Bis du lernst, dir diese Dinge selbst zu erfüllen. Und die anderen einfach SEIN lassen.

Andersherum ist es dasselbe. Du verbiegst dich, WEIL andere von dir ebenfalls Dinge ERWARTEN die du ihnen wiederum NICHT erfüllen kannst. Und das auch gar nicht willst. Weil das DEREN Erwartungen, Wünsche, Bedürfnisse und Sehnsüchte sind. Auch sie WARTEN wiederum darauf, dass ANDERE ihnen ihren inneren Mangel ausgleichen. Und kommen gar nicht auf die Idee, sich selbst darum zu kümmern, sich zu ERFÜLLEN. Und sich so selbst wieder in Harmonie – in den Ur-Zustand ihres natürlichen Seins - zu versetzen. Und weil du es nicht schaffst, den anderen ihre Bedürfnisse bzw. ihren inneren Mangel zu erfüllen, bekommst du die Quittung. Denn permanent bekommst du dann suggeriert, dass du nicht gut genug bist, so wie du bist. Also lässt du dich noch mehr auf faule Kompromisse ein. Du verbiegst dich künstlich und passt dich an Gegebenheiten an, die andere vorgeben. Nur um vermeintlich gut genug zu werden. Was aber nicht funktioniert. Da du dich so immer noch mehr von dir selbst und von deiner inneren Mitte wegbewegst. Weil du die ganze Zeit schon gut genug bist, so wie du bist. Diejenigen, die von dir ständig verlangen dich zu verbiegen, SEHEN deinen wahren Wesenskern nicht. Und du WEISST nicht, dass du wundervoll bist, genauso wie du bist. Weil dir das nie von irgendjemandem gesagt wurde.

Die natürliche Seins-Liebe kennt keine Schmerzen. Alles, was weh tut und schmerzt, ist KEINE Liebe. Es ist die Abwesenheit von Liebe, die dich so sehr leiden lässt. Und du hältst dich selbst in diesem Leid gefangen. Und zwar aus einem einzigen Grund. Aus reiner und purer Angst! So kannst du dir kein stimmiges Leben für dich kreieren. Und es wird immer Disharmonie und Unstimmigkeit in dem einen oder anderen Bereich herrschen. Weil Dinge dir übergestülpt werden, die nicht zu dir gehören. Die dir nicht passen.

Das ist, als ob du die Schuhe eines anderen Menschen trägst, der eine ganz andere Schuhgröße hat als du selbst. So kann keinerlei Harmonie in dir entstehen. Weil du ständig am Kämpfen und Machen bist, um diese Schuhe passend für dich zu machen. Damit du in diesen Schuhen auch gehen kannst. Was dir aber niemals gelingt. Weil das Grundgerüst dieser Schuhe ein anderes ist, als du für dich brauchst. Und so verlierst du immer mehr Lebensfreude und Lebenskraft und deine natürliche lebendige Energie. Du fühlst dich unlebendig. Und falsch in dir selbst. Weil es nicht deine Schuhe in deiner natürlichen Größe, mit deinem persönlichen Grundgerüst sind, die du trägst. Du in diesen Schuhen einfach nicht gehen kannst. So sehr du das auch versuchst. Sie passen sich dir und deinen Gegebenheiten einfach nicht an.

So kann das Leben nicht fließen. Die Energie wird gestaut. Und in dir bildet sich Widerstand, Blockaden und Angst.

Angst schließt Liebe nicht aus, aber sie blockiert sie. Du selbst blockierst dich. Und zwar mit deinen Gedanken. Denn deine Gedanken sind es, die Angst in dir entstehen lassen. Weil du deine Gedanken BEWERTEST. Es ist niemals die Situation, die dir Angst macht. Es ist niemals ein Mensch, der dir Angst macht. Es sind deine Gedanken und Bewertungen die den natürlichen Lebensfluss blockieren. Die die wahre Seins-Liebe blockieren. Die die normale und natürliche Harmonie in dir blockieren. Weil sich entsprechende Gefühle aus den bewerteten Gedanken in dir bilden. Und diese Gefühle sind es, die Angst in dir erzeugen. Nichts anderes. Dein angsterfülltes Sein ist es, das verhindert dass die Liebe fließt. Du selbst bist der Creator und Schöpfer deines eigenen Lebens. So wie du denkst, fühlst und handelst, lebst du auch dein Leben. Und alles geht mit dir entsprechend in Resonanz. Die ganze Welt ist dein Spiegel. Und spiegelt dir deine innere Harmonie oder Disharmonie. Wenn du IN Liebe und somit IN Balance und IN Harmonie mit dir selbst bist, strahlst du das IMMER nach außen hin aus. Und bekommst es IMMER genauso zurück. Wenn du immer nur schlechte Laune hast und genervt und frustriert bist, bekommst du genau das als Spiegel vor deine Nase gesetzt. Womit ein stimmiges Leben ebenfalls nicht funktioniert.

Du gehst ganz automatisch immer mit dem in Resonanz, was du gerade für deine seelische Weiterentwicklung und spirituelle Transformation brauchst. Denn deine Seele will sich entwickeln. Sie will Erfahrungen sammeln. Und an diesen gemachten Erfahrungen reifen. Und wenn du entsprechende Konditionierungen in dir trägst, machst du diese entsprechenden Erfahrungen solange und immer wieder, bis du daraus gelernt und dein Denken, Fühlen und Handeln entsprechend geändert hast.

Wenn du unbewusst entsprechende Verhaltens- und Beziehungsmuster in dir trägst, wiederholt sich alles solange wie in einer Endlosschleife immer wieder, bis du dir diese Muster bewusst machst. Und ganz bewusst etwas änderst. Es werden sich immer genau die Dinge in deinem Leben manifestieren, die mit dir in entsprechende Resonanz gehen. Und du daran wachsen kannst. Du musst nur genau hinsehen.

Oft kennen wir Menschen Harmonie aber von Grund auf überhaupt nicht. Oder wir kennen lediglich eine Pseudo-Harmonie. Das bedeutet, viele Menschen sind in einer vermeintlich harmonischen familiären Umgebung aufgewachsen. Wenn du aber hinter die Fassade und ganz genau hinsiehst, erkennst du, dass nie eine natürliche Harmonie geherrscht hat. Sondern nur eine künstlich erzeugte Harmonie vorhanden war. Weil in sehr vielen Familien die Probleme niemals wirklich gelöst, sondern gekonnt unter den Teppich gekehrt werden. Weil sich niemand damit beschäftigen will. Weil niemand die Verantwortung für sein eigenes Denken, Fühlen und Handeln übernehmen will. Und für die Auswirkungen die für das Umfeld daraus entstehen. Weil das auch viel zu „anstrengend" ist, sich mit der Wahrheit zu befassen. Sie wird dann nur weggeschoben. Und ignoriert. Wie oft werden Dinge der Einfachheit halber auf andere abgewälzt und wir selbst wähnen uns keiner „Schuld". Dabei vergessen wir leider aber meist, dass jede Ursache auch eine entsprechende Wirkung hat.

Wenn eine Narzisse – die von Natur aus giftig ist – mit anderen Blumen zusammen in einer Vase steht – vergiftet sie diese anderen Blumen ganz automatisch. Weil sie gar nicht anders kann. Die vorher natürlicherweise gesunden Blumen welken und verderben. Sie sterben ab. Genauso ist es mit Menschen. Die Menschen, die mit ihrem eigenen Selbst NICHT in Harmonie sind, „vergiften" somit ganz automatisch alle anderen Menschen in ihrem Umfeld mit ihrem disharmonischen Verhalten. Deshalb spricht man auch von toxischen Beziehungen. Da die Wirkung der in Disharmonie lebenden Personen IMMER entsprechend auf deren Umfeld zurückfällt. Natürlich läuft all das meistens in unserem Unterbewusstsein ab. Die Spitze eines Eisberges ist auch nur der minimalste Teil, der sichtbar ist. Der größte Teil liegt in den Untiefen des eiskalten Meeres verborgen. Genauso liegt der größte Teil unseres Denkens, Fühlens und Handelns in den Tiefen unseres unbewussten Seins. Sehr oft spüren wir Dinge zwar, können diese aber nicht benennen.

Worum es bei dem ganzen geht, ist ganz einfach erklärt: Das von der Natur angelegte Gleichgewicht muss wiederhergestellt werden. Damit die Harmonie wieder sichtbar wird. Das bedeutet, immer wenn du dich nicht im inneren Gleichgewicht befindest, regiert das Chaos in deinem Leben. Und die Ordnung ist ist ad acta gelegt. Und genau das manifestiert sich dann im außen. Dein Wohnumfeld wird chaotisch und deine gesamten Lebensverhältnisse strahlen die innere Disharmonie aus. Auch die Beziehungen die du führst, die Menschen mit denen du dich umgibst, zeigen dir deutlich deinen wahren seelischen Zustand. Wenn du dich nur mit Menschen umgibst, die dir nicht guttun, zeigt sich das in einem Ungleichgewicht deines gesamten Seins. Wenn du dich von anderen beeinflussen lässt, manifestiert sich auch das entsprechend in dir. Wenn du nicht du selbst bist, strahlst du das immer aus und ziehst genau diese Disharmonie an. Nämlich ebenfalls Menschen, die nicht sie selbst sind. Also nicht in innerer Harmonie mit sich. Wenn du dich von den Bewertungen und Meinungen anderer emotional abhängig machst, kannst du nicht du selbst sein. Es liegt also in deiner ureigenen Verantwortung, deinen Körper, Geist und Seele – deine Gefühle und Emotionen – und somit dein gesamtes Sein, in

Balance zu halten. Und somit die natürliche Harmonie in dir zu leben. Das ist es, was wirklich wichtig im Leben ist. Das von der Natur angelegte Gleichgewicht wiederherzustellen. Harmonie zuzulassen. Alles in gesunder Balance zu halten.

Sobald von gewissen Dingen zu viel oder zu wenig vorhanden ist, herrscht Disharmonie.

Ist beispielsweise das Wasser in der Badewanne zu heiß, ist das schädlich für deine empfindliche Haut. Oder für deinen Kreislauf. Ist das Wasser zu kalt, wirst du frieren. Bringst du dagegen heißes und kaltes Wasser zusammen, kannst du es so regulieren, dass es in Balance und somit genau passend für dich ist. Und du dich wohlfühlen kannst.

Ist bei dir zu viel Liebe vorhanden bzw. du ZEIGST dem falschen Menschen zu viel Liebe und dein Gegenpol zeigt dir zu wenig davon – kann sie ebenfalls nicht fließen. Sie ist einfach künstlich von dir selbst blockiert.

Wenn in der Natur die Sonne über längere Zeit zu heiß vom Himmel strahlt, verbrennt sie den wertvollen Erdboden. Er trocknet aus, wenn es zu lange nicht regnet und es dann kühler wird. Und somit ein harmonisierender Ausgleich zustande kommt. Auch hier bildet sich dann Disharmonie. Es hat aber immer eine Ursache, WARUM es nicht kühler wird. Und warum es nicht regnet. Aber vielleicht ist selbst das die natürliche Ordnung. Und hat seinen Sinn. Den wir als Menschen nur nicht erkennen. Da wir niemals alles verstehen werden. Und das auch nicht brauchen. Der Mensch will allerdings immer alles verstehen. Er will immer ganz genau wissen, warum was wie funktioniert. Oder warum es gerade nicht funktioniert. Derweil ist das egal. Hauptsache es funktioniert überhaupt. Das ist auch der Grund, warum innerhalb von Beziehungen ständig daran „herumgedoktert" wird. Denn WENN dann tatsächlich Harmonie eingekehrt ist, wird uns das unheimlich. Oder uns wird langweilig. Weil uns diese Normalität suspekt ist. Dann brauchen wir wieder eine „Beschäftigung". Und anstatt uns auf die wirklich wichtigen Dinge in unserem Leben zu konzentrieren – nämlich die Anwesenheit von wahrer Liebe - legen wir unseren Fokus darauf, die Beziehung auseinanderzunehmen. Um herauszufinden was denn NOCH BESSER gemacht werden KÖNNTE.

Es wird niemals so angenommen und SEIN gelassen, wie es ist. Immer wollen wir noch mehr. Dabei bemerken wir es nicht, dass ausschließlich WIR es sind, die die empfindliche Harmonie in der Beziehung stören. Indem wir sie gewaltig sabotieren. Und Gründe dafür suchen, die wir dem anderen zuschieben zu können. Nämlich indem wir nach Dingen suchen die nicht da – eben abwesend und nicht gegeben – sind. Und unseren Fokus nicht darauf lassen was anwesend und somit gegeben ist. Vielleicht der beste Mensch der uns jemals passiert ist!

Der beste Mensch der Welt hält es auf Dauer nicht aus, wenn er niemals er selbst sein darf. Wenn ständig an ihm herum kritisiert und er bewertet und sogar abgewertet wird. Wenn ihm permanent impliziert wird, wie „unvollkommen" er doch angeblich sei. Derweil sind genau diese Menschen es, die ihre eigene Unvollkommenheit nach außen hin auf andere projizieren. Und eigentlich die ganze Zeit gegen sich selbst ankämpfen. Gegen ihre eigene innere Disharmonie. Gegen ihren eigenen inneren Mangel. Sie treiben mit diesem Verhalten den wundervollsten und besten Menschen der Welt irgendwann von sich weg. Weil dieser Mensch es irgendwann nicht mehr ertragen kann, niemals er selbst sein zu dürfen.

Wenn du dich ausschließlich mit Menschen und Dingen umgibst, die wirklich zu dir gehören und die dir guttun und das ein Wohlgefühl in dir entfacht, befindest du dich ganz automatisch im natürlichen harmonischen Seins-Zustand. Alles kann fließen und schwingen. So wie es genau richtig und passend für dich ist. Und wie es vorgesehen ist, für dich.

In der Natur ist IMMER alles genauso wie es sein soll. Im harmonischen Ur-Zustand. Deshalb gibt es auch keine Zufälle im Leben. Und der Spruch „Alles ist sowieso vorherbestimmt" bekommt eine völlig neue Bedeutung. Ja – es ist alles vorherbestimmt. Aber

NUR, weil DU es selbst in der Hand hast, alles entsprechend in dein persönliches Leben zu ziehen. Dein Schicksal bestimmst du in jedem Moment selbst.

Wenn du an einer Wegkreuzung stehst, bist du allein dafür verantwortlich in welche Richtung du dich bewegst. Welchen Weg für dein Leben du einschlägst. Du selbst trägst die Verantwortung für dein Handeln. Wenn du entsprechend handelst und deshalb negative Erfahrungen machst, liegt das NICHT an anderen. Sondern nur an DIR. Wenn du positive Erfahrungen machst, umso besser.

Wenn du darauf hörst, was ANDERE dir sagen, bewegst du dich in diesem Moment immer weg von dir selbst. Du bewegst dich WEG aus deiner natürlich angelegten Harmonie. Hinein IN eine künstlich erzeugte Disharmonie. Und wunderst dich dann, wenn du falsche Entscheidungen für dich triffst. Die dir nicht guttun und die sich absolut falsch, unpassend und alles andere als stimmig anfühlen.

Viele Menschen kennen es nur so, sich für andere zu verbiegen. Für sie ist dieser Zustand dann „normal". Normal ist immer das, was wir kennen. Was wir nicht kennen, bezeichnen wir als „unnormal". Ganz automatisch bewerten wir die Dinge und stecken sie in Schubladen, die uns bekannt sind. Die unser Verstand uns eintrichtert. Weil wir uns dann sicher fühlen.

Wir Menschen begeben uns ungern auf unbekanntes und fremdes Terrain. Nicht umsonst gibt es den schönen Spruch, mit dem ich in Bayern aufgewachsen bin: „Was der Bauer nicht kennt, isst er nicht." Und das trifft es auch voll und ganz. Wir alle sind genau das. Wir sind, was wir essen. Ernähren wir uns permanent nur ungesund, brauchen wir uns nicht zu wundern, wenn wir krank werden. Da sich das in uns früher oder später manifestiert. Die „Krankheit" ist dann nur das Symptom. Eine Warnung an uns, dass wir uns im Ungleichgewicht – in Disharmonie – befinden. Wenn wir darauf nicht hören, wird sich nichts ändern. Kann es im Gegenteil sein, dass wir immer noch kränker werden.

Nur wenn du selbst was änderst, kannst du die natürlich angelegte Harmonie in dir wieder sichtbar sein lassen. Nur wenn du dich gelassen und entspannt in deiner Mitte befindest – so wie das brennende Licht der Kerze – und dich nicht ständig von dir selbst wegbewegst, wirfst du keine Schatten. Nur wenn du das Leben und die Liebe zulässt und empfängst, kannst du Fülle und Erfüllung und ein stimmiges Leben erhalten. Und auch die wahre Liebe bedingungslos leben. Nur so kann gegenseitig absichtsloses Geben und Nehmen entstehen. Indem sich alles im Gleichklang befindet. Alles in dir ausbalanciert ist. Nur so schwingt alles in jegliche Richtungen. Vor und zurück. Nach oben und unten. Nach rechts und links. Nach innen und außen. Nur so kann alles ohne Blockaden fließen.

Was dich oft daran hindert, dich in Harmonie mit dir selbst zu befinden ist Angst. Angst blockiert und hemmt dich gewaltig. Und macht dir unbeschreiblich das Leben schwer. Du selbst machst dir in dem Fall das Leben schwer. Denn du hast Angst, dich verletzbar zu machen. Derweil du ja schon verletzt BIST. Sonst wüsstest du nicht, wie sich das anfühlt. Und bräuchtest auch keinerlei Angst vor erneuter Verletzung zu haben.

Wahre, tiefe und bedingungslose Liebe lässt dich seelisch nackt dastehen. Indem du Angst hast, hüllst du dich ein in einen Mantel des Selbstschutzes. Einen Mantel des Selbstschutzes, der dich vor seelischer Entblößung und „Nacktheit" schützt. Je intensiver und tiefer deine Angst ist, desto dicker ist auch dein Schutzmantel. Du bildest inneren Widerstand. Und kämpfst gegen alles an was dir Angst macht. So auch gegen die wahre und bedingungslose Seins-Liebe. Die du nicht kennst. Oft wurden wir schon von unseren Eltern nicht bedingungslos geliebt. Wir mussten funktionieren und nach DEREN Pfeife tanzen. Oder wir wurden überbehütet und duften nicht selbstständig Entscheidungen treffen. Wir durften unsere Meinung nicht sagen. Auch da mussten wir jederzeit funktionieren. Anders allerdings. Wir mussten uns den Eltern unterordnen. Gehorchen. Brav sein. Keine Widerworte wagen. Gefühle unterdrücken. Uns wurde nichts zugetraut. Und es wurde uns immer wieder neu impliziert, dass wir nicht gut genug oder an allem „schuld" sind, was bei den Eltern schiefgelaufen ist. So wurden wir von Grund auf zur Disharmonie erzogen. Weil auch den Eltern die natürliche Harmonie unbekannt ist. Sie diese ebenfalls nie erlebt haben. Kein Wunder also, dass wir Harmonie zwar einerseits wollen, andererseits aber auch Angst davor haben. Weil sie uns – genau wie die Stille – „unheimlich" und fremd ist. Derweil ist auch Stille ein natürlicher Seins-Zustand. Wir Menschen sind es, die permanent künstlichen Lärm erzeugen. Und uns dann wundern, dass wir alle krank daran werden.

Lärm gibt es zig-tausendfach. Die natürlichen Geräusche der Natur und die künstlich erzeugten der Menschheit. Stille gibt es nur eine einzige! Genauso wie Harmonie. Und die wahrhaftige Liebe. Zurück in die natürlich vorhandene Harmonie zu finden, ist essentiell für echte innere Zufriedenheit. Die Normalität anzunehmen, sie zuzulassen und sie dann auch auszuhalten, kann allerdings ein Kraftakt sein.

Wir sehen UNS selbst als getrennt von ALLEM anderen an. Unser ICH ist die Trennung vom WIR und vom UNS. Wenn wir als ICH der eine Pol sind, brauchen wir trotzdem unseren gegensätzlichen Pol, das DU, um in Harmonie zu gelangen. Wir brauchen das Eins-Sein und das WIR. Wir brauchen das Unbewusste genauso wie das Bewusste. Da sonst kein Ausgleich stattfinden kann. Und immer ein Ungleichgewicht bestehen bleiben würde. Sonst hättest du weiterhin von dem einen zu viel und von dem anderen vielleicht zu wenig. Und die Waage deines Lebens driftet auf der einen Seite zu weit nach oben und auf der anderen zu weit nach unten. Sie ruht dann niemals in ihrer Mitte. Nur mit einem Gegenpol lässt sich natürliche Harmonie herstellen. Und du kommst in deine innere Balance. Weichheit und Härte. Stärke und Schwäche. Kopf und Herz. Ausgeglichen zu sein, bedeutet zufrieden zu sein. Gelassen und entspannt zu sein. Indem du aufhörst, FÜR die Harmonie zu kämpfen, tritt sie automatisch ein. Weil du erst dann wahrhaftig sehen und erkennen kannst, dass sie bereits vorhanden in deinem Leben IST. Du hast dich bisher nur auf die falschen Dinge fokussiert und konzentriert. Indem du annimmst, was IST – bist du IN Liebe mit dir selbst. Und die Harmonie IST in ihrem natürlichen Ur-Zustand bereits in DIR. Du selbst BIST Harmonie. Du selbst BIST Leichtigkeit!

Harmonisiere dich und dein Leben bewusst

- ☼ In welchen Bereichen deines ganz persönlichen Lebens herrscht Disharmonie?
- ☼ Was genau ist dort im Ungleichgewicht und außer Balance?
- ☼ In welchen Bereichen herrscht dort Schwere und Kampf, anstatt Unbeschwertheit, Gelassenheit und Leichtigkeit?
- ☼ Wovon gibt es zu wenig oder zu viel?
- ☼ Was dein Seelenleben betrifft: Was genau ist dort im Ungleichgewicht?
- ☼ Wo verspürst du innere Schwere und Blockaden – anstatt innere Unbeschwertheit, innere Ruhe, Klarheit und Leichtigkeit – und somit innere Harmonie?
- ☼ Was lebst du zu viel und was zu wenig aus?
- ☼ Was oder wer in dir (welcher deiner inneren [1]*Persönlichkeitsanteile) möchte sich verwirklichen und entfalten und braucht dringend Beachtung?
- ☼ Und von was besitzt du wiederum zu viel oder zeigst und lebst es zu viel?

Es ist wie bei der Waage. Die ja auch in Disharmonie kommt, wenn sich der eine Teil permanent zu schwer anfühlt und fast am Boden baumelt und so der andere Teil wiederum zu leicht ist und viel zu weit nach oben in den Himmel ragt. Welcher Teil in dir repräsentiert die Schwere und driftet zu weit nach unten und welcher Teil in dir repräsentiert die Leichtigkeit und driftet zu weit nach oben? Gleiche dich innerlich und äußerlich bewusst aus. So bekommst du natürliche Unbeschwertheit und Leichtigkeit in dein Leben und in die Liebe.

Schreib dir eine Liste und definiere für dich genau, wo dir und WARUM – im Innen und im Außen - Harmonie und somit Leichtigkeit am wichtigsten ist.

---

[1]*Genaue Details über deine inneren Persönlichkeitsanteile findest du in meinem Buch: „Hochsensibilität das besondere Geschenk der Natur"

Zelebriere ganz bewusst Dankbarkeit in deinem Leben. Denn auch das bringt dir Leichtigkeit, Erfüllung (Fülle) und somit wahres Glück. Denn je mehr Dankbarkeit du tatsächlich in dir fühlst, ist das Universum im Verzug. Da du immer wieder in „Vorleistung" gehst, je dankbarer du tatsächlich bist. Egal in welchen Bereichen.

Echte, tief empfundene, Dankbarkeit bringt vollkommen automatisch natürliche Harmonie und Leichtigkeit in dein Leben. Denn so erzeugst du Fülle und Erfüllung.

20. Wie du mit Hingabe unbeschwert lebst und die Leichtigkeit des Seins spürst

Mit Hingabe zu leben bedeutet, dich im wahrsten Sinne des Wortes dem Leben hinzugeben. Dich hineinfallen zu lassen. Es mit all deinen sensiblen und sensitiven Sinnen und deinem gesamten Sein in vollen Zügen zu genießen. Das Leben in all seinen Facetten und all seiner Lebendigkeit ganz bewusst auszuschöpfen. Genau das braucht aber grenzenloses Vertrauen. Vertrauen dem Leben gegenüber und Vertrauen dir selbst gegenüber. Denn das Leben schickt dir immer genau das, was du gerade für dich brauchst. Du musst dabei nur auf dein Inneres hören. Auf deine Seele und auf deine Intuition. Du musst erspüren, was du wirklich für dich brauchst, damit dein Leben sich wahrhaftig stimmig anfühlt. Damit du dich darin tatsächlich wohl fühlst. Damit es auch wirklich dein Leben ist. Und zwar ohne dich zu verbiegen, ohne dich fremdbestimmen und manipulieren zu lassen und ohne dich von deinen Konditionierungen und limitierenden Glaubensmustern beeinflussen zu lassen. Und letztendlich auch, ohne auf deinen Verstand zu hören. Denn dein Verstand blockiert die Hingabe.

Hingabe bedeutet, dich hingebungsvoll deinen ureigenen Bedürfnissen, Wünschen und Träumen zu widmen und dir diese ganz bewusst zu erfüllen. Hingabe bedeutet, dich einzulassen. Auf das Leben an sich und seine Lebendigkeit. Deine Leidenschaften zu leben und deine Kreativität zu entfalten.

Vollkommen in dir selbst zu ruhen und dich mit Hingabe auf das zu konzentrieren, was du wirklich willst, was dir wirklich gut tut und was dich wirklich weiterbringt im Leben, kann ungeahnte Glücksgefühle in dir auslösen. Du musst und du darfst das Leben und die Liebe hingebungsvoll empfangen. Du musst dich absolut kompromisslos und mit weit offenem Herzen darauf einlassen. Erst dann erfährst du das wahre Glück. Das hat dann nichts mehr zu tun mit den oberflächlichen Glücksgefühlen, die du bei vielen Dingen oft in dir spürst, sondern das ist was vollkommen anderes. Dein gesamtes Sein wird davon erfasst. Es berührt dich in deiner Tiefe. Du fühlst eine unbeschreiblich tiefe Ruhe in dir. Du bist ganz bei dir selbst. Du bist achtsam dir selbst gegenüber. Du behandelst dich selbst mit tiefstem Respekt. Und das ist ein äußerst kraftvolles und energiegeladenes Gefühl.

Mit Hingabe zu leben, bedeutet auch, dich dem Menschen, den du an deiner Seite hast, zu öffnen. Und dich wirklich verbindlich auf diesen Menschen einzulassen. Zu deinen eigenen Gefühlen zu stehen und dich nicht dagegen zu wehren. Deine wahren Gefühle in all ihrer Kraft vollständig zuzulassen und die Gefühle des anderen anzunehmen. Und zu empfangen.

Heutzutage sind wir allzu sehr darauf konditioniert, immer nur zu funktionieren. Und permanent Leistung zu zeigen. Wir sind oft meilenweit davon entfernt, mit Hingabe leben zu DÜRFEN. Und so ein wirklich stimmiges Leben für uns zu führen, in dem wir uns tatsächlich wohl fühlen. In dem wir wirklich zuhause sind. Und das wirklich UNSER Leben ist. Oft können wir das auch nicht mehr, weil wir regelrecht verlernt haben, was es wirklich heißt, uns voll und ganz hinzugeben. Wenn du dich dem Leben an sich oder einem Menschen vollkommen hingibst, heißt das gleichzeitig, dass du dich „auslieferst". Du bist somit eigentlich „schutzlos". Es sei denn, du spürst in dir tiefes grenzenloses Vertrauen. Erst dann bist du sowieso in der Lage, dich vollkommen hinzugeben. Und dich tatsächlich seelisch und emotional „auszuliefern". Wenn du dich „auslieferst", fühlst du dich angreifbar. Und verletzbar. Das ist aber eine Konditionierung und Illusion deiner Gedanken. Denn es liegt in deiner Eigenverantwortung, deinem freien Willen und an der Art deiner Gedanken, ob du dich wirklich „auslieferst", oder ob du dich vertrauensvoll fallen lässt. Weil du in der Lage bist, dich selbst zu schützen. Denn du spürst, wie weit du dich tatsächlich fallen lassen kannst. Weil du dir selbst vertraust. Und weil es sich absolut stimmig für dich anfühlt. Dich hinzugeben und dich fallenzulassen, kann aber eine massive Angst in dir entfachen. Vor allem dann, wenn du mit Hingabe assoziierst, dich in deinen Gefühlen zu verlieren oder dich deinen Gefühlen und dem anderen Menschen regelrecht auszuliefern. Auch wenn du diesen Menschen tief und bedingungslos liebst. Und genau diese Angst hindert und blockiert dich darin, wirklich und wahrhaftig glücklich zu sein. Genau diese massive Angst ist es, die dich daran hindert, zu deinen Gefühlen zu stehen und diese mit Hingabe auszuleben. Die Angst ist dabei das Symptom, dass dich daran hindert, deinen Verstand zu ignorieren. Das Kontroll-Bedürfnis in dir loszulassen. Misstrauen loszulassen. Das Gefühl, du könntest dich selbst verlieren, loszulassen. Deine negativen Gedanken fließen zu lassen, anstatt sie festzuhalten.

Viele Menschen sind nicht mehr in der Lage, sich wirklich und wahrhaftig aus tiefstem Herzen über etwas zu freuen. Etwas wirklich zu genießen. Das wahre Glück wirklich zu sehen. Und es in sich zu spüren. Weil sie verlernt haben, zu ihren Gefühlen zu stehen. Sie bewusst zu spüren, überhaupt zuzulassen und sie auch wirklich auszuleben. Viele Menschen wissen gar nicht, was es heißt, achtsam mit sich selbst und mit dem Menschen an ihrer Seite umzugehen. Viele Menschen identifizieren aus Unwissenheit das Wort Hingabe mit dem Gefühl des ausgeliefert Seins. Eben weil es ihnen an Selbstvertrauen und Selbstliebe mangelt. Und weil sie nicht auf inneren Empfang eingestellt sind. Sie befinden sich in einem chronischen Mangel-Denken. Und auf innerer Abwehr. So kannst du dich nicht ins Leben und in die wahre Liebe fallen lassen. So kannst du nicht hingebungsvoll genießen. Da du dich selbst so blockierst.

Dich hinzugeben bedeutet, dich mit dem Leben und mit dem Menschen, den du liebst, zu verbinden. Mit dem Leben und mit diesem Menschen Eins zu Sein. Solange du dich selbst liebst und dir selbst vertraust, kannst du dich nicht selbst verlieren. Denn dann besitzt du die innere Stärke und Kraft, ganz bei dir selbst zu bleiben. Dich um dich selbst zu kümmern. Unabhängig vom anderen. Auch wenn du einen anderen Menschen wahrhaftig, tief und bedingungslos liebst. Wenn du das Leben bedingungslos annimmst und liebst, erlebst du eine nie gekannte Fülle. Und somit Erfüllung. Weil dich das Leben mit Reichtum und Fülle belohnt, wenn du dich ihm voller Vertrauen hingibst. Dich dem Leben hinzugeben bedeutet beispielsweise, es anzunehmen, wenn es im Sommer regnet. Wenn du den warmen

Sommerregen genießt. Dir die Schuhe auszieht und barfuß über eine Wiese läufst. Die Arme ausstreckst, dein Gesicht lächelnd mitten in den Regen hältst und dich freust, dass du einfach nur BIST. Selbst wenn du nass wirst. Na und...? Deine Kleidung, Haut und Haare trocknen wieder. Wenn du duschst, wirst du auch nass. Warum jammern und klagen so viele Menschen, wenn es regnet? Warum bleiben sie frustriert zu Hause sitzen? Anstatt die Lebendigkeit zu genießen, die sie in solchen Momenten spüren dürfen? Ja, ganz bewusst fühlen können? Die Leichtigkeit des Seins? Für die du natürlich jederzeit selbst verantwortlich bist. Die Bewusstheit des Augenblicks, die du klar und deutlich vor dir siehst. Oder du gönnst dir einen entspannenden Spaziergang im Wald. Und beachtest dabei ganz bewusst die magischen Winzigkeiten und Details, die dir dort begegnen. Den Wind, der in den Blättern der Bäume wispert. Und der dir die Haare durcheinander wirbelt. Mit all deinen Sinnen das Rauschen des Windes in den Kronen der Bäume zu hören, den erdigen Duft des Waldbodens in deiner Nase zu riechen, Sonnenstrahlen zu spüren, die dich auf deiner Haut kitzeln und dich vielleicht zum Niesen bringen, die wohltuende und ruhige Atmosphäre zu genießen und die beruhigende Wirkung des Farbspektrums im Wald mit deinen Augen aufzufangen, deinen eigenen Atem bewusst zu spüren, deinen eigenen Herzschlag wahrzunehmen, ja den Herzschlag der Erde und des Lebens an sich ganz bewusst zu spüren, indem du dich mit deinen nackten Füßen auf dem Boden oder deinen Händen an der rauen Rinde am Stamm eines Baumes mit der Natur verbindest – dich einfach in den Moment fallen zu lassen – auch das bedeutet, dich dem Leben hinzugeben.

Bist du schon mal unmittelbar am Meer gestanden und hast den Blick zum fernen Horizont und die unendliche Weite des Himmels ganz bewusst wahrgenommen? Hast die Szenerie regelrecht in dich aufgesogen? Es ist ein ganz gewaltiger Unterschied, ob du „einfach so" einen Spaziergang am Strand machst, oder ob du ihn ganz bewusst und mit all deinen Sinnen genießt. Viele Leute laufen „einfach nur so" am Meer entlang und achten dabei in keiner Weise auf das, was um sie herum passiert. Auf das was sie sehen, hören, riechen, fühlen können und es allgemein wahrzunehmen gibt.

Bist du einfach nur dagestanden – als ob die Zeit still steht – und hast den Augenblick genossen? Selbst wenn aus diesem Augenblick zwei Stunden oder noch mehr wird? Hast du Phantasiegestalten in den Wolken gesehen, die vielen verschiedenen Farbnuancen des Wassers und des Himmels wahrgenommen, das Rauschen oder das Glucksen der heranrollenden Wellen gehört, dir deine nackten Füße vom Wasser umspülen lassen? Die Energien gespürt, die es dort gibt? Und die unendlich durch die Luft fließen?

Am fernen Horizont verschmelzen Meer und Himmel miteinander und bei entsprechend mystischer Lichtstimmung ist kaum mehr zu erkennen wo das Meer aufhört und der Himmel anfängt. Ist dir dabei deine eigene „Kleinheit" im Universum bewusst geworden? Hast du die Erhabenheit der Natur und deiner eigenen inneren Kraft und Stärke gespürt? Hast du den Halt gebenden festen und sicheren Boden unter deinen Füßen wahrgenommen? Und war dir bewusst, dass du dich in diesem Moment dem Leben, dem Augenblick und deinen Gefühlen hingibst? Und zwar mit all deinen Sinnen? Dass du dich vollkommen hast fallen lassen? Weil du dich voll und ganz auf diesen kostbaren und unwiederbringlichen Augenblick konzentriert hast? Auch das ist Hingabe. Genau das sind die absolut stimmigen und magischen Augenblicke des Lebens, die du nie mehr vergisst. Die in dir und deiner sensiblen Seele für immer gespeichert sind. Die du dir selbst ganz bewusst schaffen und sie möglichst lange für dich genießen und ausleben kannst. Dir deiner ureigenen Bedürfnisse gewahr zu sein, dir selbst deine Träume, Wünsche, Sehnsüchte und Ziele zu verwirklichen und zu erfüllen. Und zwar mit aller Achtsamkeit die du in dir spürst. Leben mit Leidenschaft. Deine ureigenen Leidenschaften leben. Das ist Hingabe. Wenn du das Gefühl hast, das alles stimmig ist. Dass das Leben sich im Fluss befindet. Dass alles fließt. Die (Lebens-) Energie intensiv zu spüren ist. Die innere Ruhe, die du in dir trägst, ist deutlich wahrnehmbar. Wenn du dich wohl fühlst. Wenn dir gut tut, was du tust. Wenn du deiner Kreativität freien Lauf lässt. Wenn du deine natürlichen Fähigkeiten und Talente nutzt und ausbaust. Wenn du nichts in dir zurückhältst. Keine Gedanken, keine Gefühle und keinerlei Emotionen. Wenn du entsprechend den Gegebenheiten sowohl aktiv als auch passiv bist. Wenn du deiner Intuition, deinem Herzen und deiner inneren Stimme folgst. Dann lebst du hingebungsvoll. Und vollends authentisch. Dann lässt du dich ins Leben hineinfallen. Mit all der Vielfalt, Lebendigkeit und allen Facetten, die möglich sind.

Hingabe kannst du wieder lernen. Du kannst lernen, die Dinge loszulassen, die du nicht mehr brauchst. Die dir nicht gut tun. Die du nicht willst. Ja, die gar nicht zu dir passen und zu dir gehören. Du kannst auch lernen, dich von deinen bisherigen Konditionierungen und limitierenden Mustern zu verabschieden. Du kannst jederzeit lernen, umzudenken. Stattdessen vielleicht wirklich zu fühlen. In deiner Tiefe. In deinem Herzen. Du kannst dich aus den Fängen von all deinen Abhängigkeiten befreien. Du kannst wieder lernen, bewusst, achtsam und mit Leichtigkeit zu leben. Wahrhaftig zu lieben. Du kannst lernen, auf deine ureigene innere Stimme zu hören. Auf deine Intuition zu achten und dir deiner ureigenen Bedürfnisse wieder gewahr zu sein. Du kannst lernen, ganz bewusst bei dir zu sein und dich um dich selbst zu kümmern. Ohne in irgendeiner Weise bedürftig zu sein. Und ohne jemand anderen als Glücksquelle im außen zu sehen. Und zwar Männer und Frauen gleichermaßen. Denn wir alle sind ganz einfach in erster Linie Mensch. Und das Mensch-Sein gilt es wieder zu lernen. Gerade in der heutigen Zeit. In der das Mensch-Sein nicht mehr gewünscht ist. In der es uns regelrecht abtrainiert wird, zwischenmenschliche Gefühle zu zeigen. Emotional zu sein. Natürlich zu sein. Echt und authentisch zu sein. Alles ist künstlich geworden. Und wird immer mehr künstlich. Und dem gilt es bewusst entgegenzusteuern. Indem wir unsere Menschlichkeit wieder zeigen. Und uns in unserem Herzbewusstsein zentrieren. Uns mit der Natur wieder verbinden. Die Natur achtsam zu ehren. Unseren menschlichen Körper als heiligen Tempel zu sehen. Den heiligen Raum der wahrhaftigen Liebe in uns wieder zu öffnen. Es bewusst zuzulassen, uns in unserem Herzen, zutiefst berühren zu lassen. Die Lebendigkeit des Lebens an sich wieder zuzulassen. Und nicht, uns hinter Krankheits-Symptomen, vermeintlichen Krankheiten oder unserem Sicherheitssuchenden Verstand vor dieser Lebendigkeit zu verstecken.

Die Hingabe an die Lebendigkeit des Lebens an sich will geübt werden. Sie will gepflegt werden. Ja, sie will einfach nur da sein dürfen.

Wenn Männer sich ihrer wahren Ur-Männlichkeit wieder gewahr werden und Frauen wieder ihre natürliche weibliche Ur-Kraft entfalten, ist ein völlig neues zwischenmenschliches Miteinander möglich. Dann können Männer und Frau vollkommen neu aufeinander zugehen. Ohne völlig utopische und überzogene Ego-Erwartungen, Forderungen, Ansprüche oder Bedingungen. Denn dann gibt es keine unnötigen Machtspiele und kein „einander dominieren und unnötig Konkurrenz machen" mehr. Dann wird der Umgang miteinander wieder achtsam, respektvoll und friedlich. Dann erst ist wahre Hingabe in der Liebe möglich. Wenn keiner mehr den anderen dominiert. Und keiner mehr den anderen aus einem Mangel-Denken heraus braucht. Nicht zu verwechseln mit einem „brauchen" aus wahrer Liebe. Weil der andere zusätzliche Inspiration und Bereicherung für unser eigenes Leben ist. Und weil wir uns aus freiem Willen ganz bewusst dafür entscheiden, mit dem anderen zu leben. Denn wir alle sind nicht dazu gedacht, alleine zu sein. „Brauchen" brauchen wir einander in gewisser Weise trotzdem.

Wenn du dich dem Leben an sich und der Liebe tatsächlich öffnest und vertrauensvoll hingibst, bist du innerlich frei.

Dann erst fühlst du in dir, was es heißt, emotional wirklich frei zu sein und in wahrer Freiheit zu leben. Nicht mehr länger eingesperrt zu sein in deinem selbst erschaffenen Käfig deiner eigenen Unzulänglichkeiten, seelischen, moralischen und emotionalen Defizite und deiner unzähligen Denkfallen. Hingabe zu fühlen, ist ein wahrhaft erhabenes Gefühl. In dir selbst zu ruhen ebenfalls. Und bei dir selbst zu Sein, ohne Fremdbestimmung, ohne Beeinflussung von außen und ohne Abhängigkeiten, dich ins Leben hineinfallen lassen zu dürfen, ist ein kaum erklärbares und in Worte zu fassendes Gefühl. Es ist unendlich kostbar, in wahrer Hingabe leben zu können. Und dich Eins zu fühlen mit dem Leben an sich, mit der Lebendigkeit der Natur und mit dem Menschen, den du wahrhaftig liebst.

Lerne, hingebungsvoll zu leben. Und hingebungsvoll zu SEIN...

Dich hinzugeben und dich fallenzulassen bedeutet, die Kontrolle loszulassen. Denn da wo Kontrolle ist, sitzt Angst. Da wo Angst sitzt, willst du Sicherheit haben. Wo Angst sitzt, kann es aber keine Hingabe geben. Wo es keine Hingabe gibt, findet kein loslassen, fallenlassen und sich einlassen statt. Lerne, bedingungslos zu vertrauen. Selbstvertrauen! – dann kannst du auch anderen vertrauen. Das loslassen von Kontrolle folgt dann ganz automatisch.

- ☼ Warum fällt es dir so schwer, die Kontrolle loszulassen?
- ☼ Warum kannst du dich nicht einlassen und alles zulassen, was geschieht?
- ☼ Vor was genau hast du Angst?
- ☼ Welche Gefühle genau stehen dir im Weg?
- ☼ Wo befindet sich vielleicht eine falsche Verknüpfung zwischen Verstand und Herz?
- ☼ Was assoziierst du mit fallen lassen, dich hingeben und einlassen? Vielleicht hast du ja eine vollkommen falsche VORSTELLUNG (Illusion der Gedanken, die dich in die Irre führen und du darfst diese Vorstellung jetzt revidieren!?)
- ☼ Projizierst du eventuell Dinge, Gefühle oder Situationen aus deiner Vergangenheit ins Hier und Jetzt und flüchtest dich vor lauter Angst in die vermeintliche Sicherheit deines Verstandes?

Vertraue grundsätzlich IMMER auf die Impulse, die du in dir wahrnimmst und spürst. Denn deine Intuition führt dich IMMER in die für dich passende Richtung. Denn deine Intuition ist dein inneres Kompass.

- ☼ Lerne bewusst, die Kontrolle loszulassen und zentriere dich in deinem Herzen. Lass deine Herzintelligenz sprechen und deine Herz-Energie sich entfalten
- ☼ Achte dabei IMMER auf deine Gefühle. Und NICHT auf deine Gedanken und deren Bewertungen!
- ☼ Lerne, dich einzulassen und deine Gefühle bewusst zuzulassen

Indem du dich einlässt, zulässt und dich hingibst, bildet sich natürliche Leichtigkeit in deinem Leben. Und auch Leichtigkeit in der Liebe. Und alles fließt im Strom des Lebens in natürlicher Harmonie...

21. Was du in deinem Alltag praktisch für dich tun kannst

> ➤ **Wenn du eine Entscheidung für dich treffen musst**

Triffst du deine Entscheidungen bisher eher aus dem Kopf und Verstand oder gehst du nach deinem Bauchgefühl und deiner Intuition? Entscheidest du die Dinge vollkommen alleine oder lässt du dich von anderen dafür oder dagegen beeinflussen?

Um wirklich klug zu entscheiden, stell dir dabei grundsätzlich folgende Fragen...

1. Wie wichtig ist diese Entscheidung für mich?
2. Ist diese Entscheidung tatsächlich gut für mich?
3. Was genau bringt mir diese Entscheidung?
4. Bringt mich diese Entscheidung weiter?
5. Wie fühle ich mich wirklich mit dieser Entscheidung?
6. Kann ich mich mit dieser Entscheidung voll und ganz identifizieren?
7. Kann ich mit dieser Entscheidung vollkommen entspannt leben?
8. Inwieweit beeinflusst diese Entscheidung eventuell in negativer Weise mein Leben?
9. Kann ich diese Entscheidung wirklich aus vollem Herzen heraus treffen?
10. Habe ich das Für und Wider dieser Entscheidung gründlich mit meinem Herzen geprüft?
11. Was genau sagt meine Intuition zu dieser Entscheidung?

> **Wenn du von anderen in deinen Entscheidungen sabotiert wirst**

Wenn du damit konfrontiert wirst, dass andere sich in dein Leben und deine Entscheidungen einmischen, setz kristallklare und eindeutige Grenzen!

Aussagen wie „Ich meine es doch nur gut mit dir" oder Ich weiß doch, was gut für dich ist" oder „Ich weiß doch, was du für dich brauchst" solltest du dabei nicht beachten! Denn solche Menschen meinen es nur gut mit sich selbst. Indem sie DICH auf die Weise kontrollieren!

Kommuniziere klar und deutlich, dass es alleine DEINE Entscheidung ist, die du für dich treffen wirst.

> **Wenn du unzufrieden mit dir selbst oder mit einer Situation bist**

Hinterfrage grundsätzlich immer das große Ganze...

- Warum bist du mit einer Situation unzufrieden?
- Welche verdrängten Gefühle liegen unter der dicken Schicht deiner Unzufriedenheit?
- Wie lange bist du schon unzufrieden und harrst tatenlos in dieser Situation aus?
- Kannst du selbst etwas an der Lage ändern?
- Wenn ja, was genau kannst du persönlich tun und somit verändern?

Ändere die Dinge, die DU von dir aus ändern kannst! Solange du ausharrst und vielleicht darauf wartest, dass sich von selbst irgendwann etwas ändert, bist du noch in der Illusionsfalle Denken gefangen. DU SELBST darfst klug handeln und etwas dafür tun, um die Dinge um dich herum zu verändern! Indem DU DICH bewusst veränderst, verändert sich die gesamte Welt um dich herum. Bring deshalb dein Denken und Fühlen in eine ausgeglichene Balance und Harmonie.

> **Wenn du kritisiert wirst**

- Wer hat dich für was kritisiert?
- Wie fühlst du dich, wenn du kritisiert wirst?
- Wie reagierst du normalerweise darauf?

Jetzt reflektiere die Kritik erst einmal...

1. Ist die Kritik tatsächlich gerechtfertigt? Falls JA – was genau steckt dahinter? Was könntest du zukünftig anders oder besser machen, um eine solche Kritik zu vermeiden? Falls NEIN – ignoriere die vermeintliche Kritik und geh in keiner Weise darauf ein. Halte deinen Impuls zur Gegenwehr aus.
2. Handelt es sich um konstruktive Kritik oder in Wahrheit um einen abwertenden Angriff auf deine Person?
3. Was bleibt übrig, wenn du diese Kritik objektiv und rein sachlich ohne Emotion betrachtest?

Bleib ruhig und gelassen und gib nicht jedem Handlungsimpuls nach. Denn nicht jeder Impuls ist gleich eine Handlungsaufforderung! Begib dich nicht auf das niedere Niveau des Kritisierenden, sondern steh stoisch gelassen über den Dingen!

Ein Mensch, der ständig andere kritisiert, hat selber ein Problem! Sonst müsste er seinem Unmut nicht Luft machen, indem er von sich selbst ablenkt, und andere, in dem Fall dich, verbal niedermacht.

> **Wenn du dich abgrenzen und „Nein" sagen musst**

Kannst du ohne schlechtes Gewissen, ohne das Gefühl, dich rechtfertigen zu müssen und ohne Schuldgefühle dir selbst oder anderen gegenüber zu haben, glasklar und deutlich NEIN sagen?

- Falls NEIN – WARUM nicht?
- Wovor genau hast du Angst?
- Was passiert in dir, wenn du ein schlechtes Gewissen spürst?

TU es einfach! Sag klipp und klar „Nein", wenn es sich für dich absolut richtig und stimmig anfühlt. Du musst dich vor niemanden rechtfertigen, warum du etwas nicht willst.

Rechtfertige dich NICHT mehr für dein Tun und Handeln. Denn es liegt alleine in deiner Verantwortung, wie du dich – dir selbst und anderen gegenüber – verhältst!

Gib dir selbst die explizite Erlaubnis, im passenden Moment NEIN zu sagen!

Denn, du DARFST „Nein" zu anderen und „Ja" zu dir selbst sagen. Du bist dir selbst der allerwichtigste Mensch im Leben. Allerdings ohne egoistisch zu sein ;)

Auf kluge Weise „Nein" zu sagen, beinhaltet immer, in „Ich-Form" mit anderen zu kommunizieren. Und sowohl die eigenen Gefühle und Emotionen als auch die von anderen zu berücksichtigen.

Du kannst deine eigene Entscheidung immer sachlich begründen ohne den anderen vor den Kopf zu stoßen oder gar abzuwerten. Trau dich!

> **Wenn du mit (ungerechtfertigten) Vorwürfen konfrontiert wirst**

Um welche Art von Vorwürfen handelt es sich? Unterscheide prinzipiell immer zwischen subjektiven, aus einer Emotion heraus getroffenen, Vorwürfen und objektiv nachprüfbaren Fakten. Das ist ein elementarer Unterschied!

- Wie FÜHLST du dich bei diesen Vorwürfen?
- Wie reagierst du normalerweise darauf?

Bleib wiederum gelassen und tu NICHTS, wenn die Vorwürfe haltlos und rein subjektiv sind. Wenn du z.B. die Erwartungen anderer nicht erfüllen kannst oder es schlichtweg nicht willst. Steh für dich selbst ein!

> **Wenn du mit utopischen Erwartungen und Forderungen überrollt wirst**

Sag klar und deutlich NEIN, wenn du etwas nicht willst! Oder dies aus irgendwelchen Gründen schlichtweg nicht kannst. Du bist NICHT dafür zuständig, anderen deren Erwartungen zu erfüllen!

Du brauchst KEIN schlechtes Gewissen deswegen zu haben und musst dich auch in keiner Weise dafür rechtfertigen, wenn du NEIN zu anderen sagst. Denn im selben Moment sagst du JA zu dir selbst. Und das ist elementar!

> **Wenn du Schuldgefühle impliziert bekommst**

Fühlst du dich tatsächlich schuldig oder will die andere Person dich lediglich emotional erpressen und somit erreichen, dass du dich schuldig fühlst?

- Was geht WIRKLICH in dir vor?
- Welche Gedanken tauchen in dir auf?
- Welche Gefühle bilden sich in dir?

Zieh dir den Schuh des Vorwurfs NICHT an, weise den Vorwurf vehement von dir, wenn du tatsächlich faktisch NICHTS getan hast, weswegen du dich schuldig fühlen sollst. Geh unlösbaren Konflikten bewusst aus dem Weg und spare dir deine Energie für wirklich wichtige Dinge!

> **Wenn du in der Perfektionsfalle sitzt**

Trägt DEIN persönliches Leben DEINE ureigene Handschrift?

Oder stellt sich bei genauem Hinsehen heraus, dass dein Leben in Wahrheit zu stark fremden Einflüssen unterliegt? Und du gar nicht die Entscheidungsgewalt über dein ureigenes Leben hast? Sitzt du bereits in der Perfektionsfalle und hast es dir darin schon richtig gemütlich gemacht? Oder möchtest du ganz schnell aus dieser Falle wieder herauskommen, weil du dich in deinem Perfektionsdenken gefangen und nicht wirklich wohl dabei fühlst? Dann nimm dein Leben SELBST und eigenverantwortlich in die Hand. Werde zum Hauptdarsteller deines ureigenen Lebens! Und gib dich nicht mit einer Nebenrolle zufrieden.

Hör auf dein Herz und deine Intuition! Denn um die Anerkennung und das Lob, das du für dein emotionales und seelisches Wohlbefinden brauchst, zu bekommen, musst du NICHT perfekt sein. Du bist genau richtig, wie du bist. MIT deiner Unperfektheit und Unvollkommenheit.

Und vielleicht gerade deshalb eigentlich genau perfekt :)

- ➢ Worin glaubst du, perfekt sein zu müssen?
- ➢ Was genau ist dein Antrieb, perfekt sein zu wollen?
- ➢ Was willst du mit deiner (vermeintlichen) Perfektheit erreichen?
- ➢ Wem willst du damit in Wahrheit imponieren?
- ➢ Was erhoffst du dir dadurch, dass du (vermeintlich) perfekt wärst?
- ➢ Warum brauchst du unbedingt Anerkennung, Bewunderung, Lob und Bestätigung von außen?
- ➢ Warum machst du dich emotional abhängig von Bewertungen, Lob und Bestätigung anderer?
- ➢ Wer oder was lässt dich so unsicher sein, dass du es „nötig" hättest, perfekter zu sein, als du es ohnehin bist?
- ➢ Und wo und bei was hast du resolut Gegenwind gespürt und es trotzdem geschafft - auch OHNE dass du selbst wirklich perfekt bist?
- ➢ Wie genau äußert sich dein Perfektionsanspruch (an dich selbst und eventuell an andere)?
- ➢ In welchen Bereichen, auf welchen Ebenen, WANN genau und bei welchen Menschen macht sich dein Perfektionsdenken - und das Gefühl, vermeintlich nicht gut genug und nicht perfekt genug zu sein - bemerkbar?

Sag dir selbst immer wieder folgende Affirmationen oder auch in deinen ureigenen und ganz persönlichen Worten...

- Ich bin perfekt, so wie ich bin
- Ich muss nicht perfekt funktionieren
- Ich bin genau richtig, so wie ich bin
- Ich werde geliebt, genauso wie ich bin
- Ich tue alles was ich tue, so gut ich eben kann
- Ich schaffe alles, was ich wirklich will
- Ich bin gut genug und WERT-VOLL, genauso wie ich bin
- Ich vertraue mir selbst, weil ich genau richtig bin
- ...

♥ WERT-SCHÄTZE dein eigenes Selbst ♥

- LOBE dich selbst für DEINE Erfolge und Fortschritte – selbst wenn sie „nur" winzig klein sind und BELOHNE dich dafür
- Hör ab sofort auf damit, dich selbst zu BEWERTEN oder schlimmstenfalls abzuwerten
- Löse dich von deinem Perfektionsdenken und mach dich emotional unabhängig vom Lob und der Bestätigung anderer
- Gib dir SELBST die Anerkennung, die du verdienst
- Hör damit auf, dich an andere anzupassen und deren Vorgaben zu erfüllen und geh KEINE faulen Kompromisse mehr ein, nur weil du der Meinung bist, dann noch perfekter zu sein
- Mach dir selbst (SELBST-) bewusst, was du wirklich kannst und was du wert bist, gerade WEIL du nicht perfekt sein musst und es höchstwahrscheinlich auch nicht bist ;))
- ERLAUBE dir selbst, UN-perfekt zu sein und genieße bewusst deine Unperfektheit
- Setz dich keinesfalls selbst unter Druck, perfekt sein zu müssen und lass dich von niemand im außen unter Druck oder unter Zugzwang setzen

Zelebriere deine ureigenen Werte. Du BIST bereits perfekt, genauso wie du bist!! Auch oder gerade wenn du vermeintlich nicht perfekt bist!

> **Wenn du dich aus Fremdbestimmung lösen willst**

Definiere für dich deine ganz persönlichen Lebens-Regeln, an die du dich ab sofort verbindlich halten darfst. Erstelle diese Lebens-Regeln ausschließlich mit deinem Herzen und mit deiner Seele!

Deine persönlichen Lebens-Regeln lauten (beispielsweise):

1. Ich lasse mich von nichts und niemandem mehr beeinflussen
2. Ich gehe keine faulen Kompromisse mehr ein – mit nichts und niemandem
3. Ich tue nur noch die Dinge, die mir wirklich und wahrhaftig gut tun und die mir wichtig sind
4. Ich umgebe mich nur noch mit den Menschen, die mir gut tun, die mich inspirieren und motivieren, die mein Leben bereichern und erfüllen, die mich unterstützen, zu mir halten, jederzeit hinter mir stehen und die mich weiterbringen in meinem Leben
5. Ich tue nur noch die Dinge, mit denen ich mich wirklich wohl fühle
6. Ich gehe nur noch an die Orte, an denen ich mich rundherum wohl fühle
7. Ich treffe wichtige Entscheidungen nur noch nach meinem Herzen, meiner Intuition und meinem natürlichen Instinkt
8. Ich sage nie mehr „Ja", wenn ich in Wahrheit NEIN meine
9. Ich tue niemandem mehr einen Gefallen, wenn ich das nicht wirklich tun will. Vollkommen egal, was dieser Mensch dann von mir denkt oder über mich sagt
10. Ich lasse nur noch Menschen in mein Leben, die mich achtsam und respektvoll behandeln
11. Ich setze ab sofort ohne jegliche Angst Grenzen, wo es notwendig ist
12. ...

Hänge dir diese Lebens-Regeln an einen Platz, wo du diese Liste immer wieder siehst und somit mit deinem Unterbewusstsein verinnerlichst. Verankere jeden einzelnen Punkt dieser Liste in deinem Herzen!

Definiere für dich, welche Grenzen und Regeln in deinem Leben für DICH SELBST starr sind und welche du flexibel gestaltest.

Folgende Grenzen und Regeln in deinem Lebens sind kompromisslos und starr:

1. ...
2. ...
3. ...

Folgende Grenzen und Regeln deines Lebens gestaltest du flexibel:

1. ...
2. ...
3. ...

Schließe einen Pakt mit dir selbst – mit deinem Herzen und mit deiner Seele. Beispielsweise:

1. In Zukunft lebe ich nur noch aus meinem Herzen heraus
2. Ab heute gehe ich nur noch den Weg, den meine Seele WIRKLICH gehen will
3. Ab sofort höre ich auf meine innere Stimme und vertraue meiner Intuition
4. Ich glaube ab sofort meiner ureigenen Wahrnehmung
5. Ich weiß, dass alles seinen Sinn hat und das alles gut wird in meinem Leben und in der Liebe
6. Ich tue nur noch genau das, was sich absolut richtig, passend und stimmig für mich anfühlt
7. Ich weiß selber sehr genau, was ich wirklich tun will und was nicht, mit was ich mich wirklich wohl oder unwohl fühle und ich weiß sehr genau, was „richtig" für mich ist und was nicht
8. Ich dulde keine Dinge mehr in meinem Leben, die meinem authentischen Sein, meinem Körper, Geist und Seele auch nur irgendwie schaden könnten
9. …

Natürlich sollst und darfst du deine ganz persönlichen Lebens-Regeln immer wieder ganz bewusst verändern und neu für dich definieren. Und deinem Leben immer wieder anpassen. Denn auch deine ganz persönlichen Lebens-Regeln sollen sich ja immer, überall und jederzeit richtig, passend und stimmig für DICH anfühlen. Und dich mit ganz natürlich vorhandener Leichtigkeit und Gelassenheit erfüllen :)

Du hast das natürliche Recht und die Macht, jederzeit eine Entscheidung für dich zu treffen. Aus dem Bauch heraus, aus deinem bewertenden und in Kategorien einteilenden Verstand oder aus deinem Herzen und mit der Stimme deiner Intuition.

Dein freier Wille ist allerdings zu einhundert Prozent außer Kraft gesetzt, sobald du dich von etwas oder jemandem gegen dein Herz und gegen dein wahres Gefühl beeinflussen, emotional erpressen oder manipulieren lässt. Und auch, sobald du die Angst über dein Leben bestimmen lässt. Somit hast du es jederzeit selbst in der Hand, ob dein Leben sich einfach und leicht anfühlt oder schwer und kompliziert zu ertragen ist, weil es voll Drama und Leid ist.

Und hier komme ich wieder auf das Beispiel vom Anfang mit den Glaskugeln in deiner Lieblingsfarbe zurück. Du erinnerst dich...?

Nimm eine Glasschale (oder einen Glaskrug) nach deinem persönlichen Geschmack. Und stell sie an einen dir wichtigen Platz in deiner Wohnung. Wo du sie jederzeit sehen kannst. Dann legst du für alles WAS oder WER dir WIRKLICH wirklich wichtig ist, eine Glaskugel in die Glasschale. Sie soll dich immer an deine innere Klarheit und die Leichtigkeit in deinem Leben und in der Liebe erinnern!

Wie viele Glaskugeln liegen nun in deiner Schale? Und für WAS stehen diese Kugeln?

Behalte IMMER den glasklaren Durchblick und somit natürliche Leichtigkeit in deinem Seelenleben. In deinem Denken, deinen Gefühlen, deinen Emotionen und in deinem Handeln!

Mit der Zeit kannst du das ganz automatisch in dein Leben integrieren. Da all dies ein Lernprozess ist. Auf den du dich allerdings einlassen musst. Und das geht wiederum nur, wenn du – wenigstens ein Stück weit – die Kontrolle über das was geschieht, loslässt.

...Geschehen kann nur, was frei fließen darf...

Lenke deine Aufmerksamkeit immer gezielt auf die für dich „richtigen" und stimmigen Dinge. So kannst du innerlich unbeschwert, vollkommen gelassen und entspannt der Dinge „harren", die wann immer und wo immer auf dich zukommen. Weil die Energie somit grundsätzlich in die richtige Richtung fließt. Weil du dich abgrenzen kannst. Und nicht alles zu nah an dich heranlässt.

Und weil du ganz genau weißt, was dir wirklich wichtig ist. Weil du Unbeschwertheit und Leichtigkeit in deinem Leben spürst. Und weil du bewusst vollkommen präsent im Hier und Jetzt bist. In der Ruhe liegt die wahre Kraft verborgen! Denk immer daran: Dein wertvollster innerer Schatz ist deine angeborene Sensibilität und Sensitivität mit all deinen vielfältigen Facetten.

Lass Leichtigkeit in dein Leben. Zögere nicht, sondern tu es für dich. Breite deine Flügel aus und fang an zu fliegen ...flieg den Flug DEINES ureigenen Lebens....JETZT...

Sei der mutige Schmetterling, der aus seinem Kokon herausgeschlüpft ist und sein Leben in bewusst gefühlter Freiheit und Leichtigkeit lebt.

JETZT

Alles Liebe für dich, wo immer du gerade bist :)

Von Herzen, Iris Fischer

Zur Autorin

Iris Fischer ist Expertin für hochsensible und hochsensitive Menschen, spirituelle Mentorin, diplomierte systemische Therapeutin und Autorin. Selbst hochsensibel und hochsensitiv begleitet und unterstützt sie hochsensible Menschen seit 2008 darin, ihren ureigenen, individuellen Weg für sich zu finden. Sie inspiriert und motiviert und gibt die passenden Impulse. Sie unterstützt sie mit sehr viel Herz, Humor und Verstand darin, das innere Feuer in sich zu entdecken. Sich zu verwirklichen und zu entfalten und angstfrei mit allen Facetten einfach authentisch zu SEIN.

Mehr Informationen über sie und ihre bislang veröffentlichten Bücher gibt es auf ihrer Website zu lesen:

www.sensible-seele.net

MIX
Papier aus verantwortungsvollen Quellen
Paper from responsible sources
FSC® C105338